健康に生きるための
保健体育

谷川尚己　守谷まさ子　江藤和子

SUNRISE

健康に生きるための保健体育

目次　　はじめに ……………………………………………………… 6

保健編

1 医薬品教育 ……………………………………………… 9
薬教育について
セルフメディケーション
学校薬剤師が行う高等学校での授業の一例
薬教育までの道のり　―特別なものから身近なものへ―
薬はなぜぬるま湯や水で飲むの？
1日3回飲む薬、飲み忘れたらどうするの？
OTC医薬品
薬と健康の週間

2 禁煙教育・飲酒防止教育 ……………………………… 23
禁煙
タバコをやめるために絶対に必要な思考法がある？
ニコチン依存度の自己診断をしよう
子どもたちの飲酒の実態
学校教育への導入　―薬物乱用防止教育プログラム―
Gateway drag

3 合法ハーブ・脱法ドラッグから危険ドラッグに …… 32
合法ハーブ・脱法ドラッグから危険ドラッグに
薬物乱用防止教育の実践
薬物乱用防止サークルの結成
薬物乱用防止に向けての取り組み
内臓エプロンを使っての授業

4 保健安全と学校三師 …………………………………… 38
法から見た学校三師の任務
学校三師の任務について
学校薬剤師の任務

　　　　学校薬剤師と学校給食
　　　　栄養教諭
　　　　保健主事の役割

5　感　染　症 ─────────────────── 49
　　　　学校における感染症予防
　　　　肺結核
　　　　インフルエンザ、ノロウイルス
　　　　風疹
　　　　エボラ出血熱
　　　　デング熱
　　　　インフルエンザの簡易検査装置の開発
　　　　性感染症・エイズ
　　　　HIV陽性者と社会

6　大気汚染と健康 ─────────────── 60
　　　　公害から学ぶ
　　　　PM2.5（「PM2.5の健康影響を考える」就実大学渡辺雅彦教授）

7　放射線教育 ──────────────────── 65
　　　　総合的な学習の1時間として

8　交通事故から子どもを守る ──────── 70
　　　　かがやき通り

9　生活習慣病 ──────────────────── 74
　　　　成人病から生活習慣病に
　　　　メタボリックシンドローム（内臓脂肪症候群）
　　　　生活習慣病の予防（食事と健康）

体育編

10 ラジオ体操 ... 78
夏休みのラジオ体操
日野町の取り組み
学校スポーツ指導法

11 生涯スポーツの実践 ... 81
サッカーの楽しみ・マラソンの喜び
全国健康福祉祭（愛称：ねんりんピック）
ゴルフとの出会い
エイジシュート
年間のラウンド数は

12 子どもの運動について ... 92
「1,000」を考える
「待つ」ゆとりと個人差を考える
子どもの運動を考える

13 RICE処置とアキレス腱断裂・捻挫 ... 97
アキレス腱断裂
RICE処置
心肺蘇生法

14 体力テスト ... 101
投能力について
20mシャトルラン

15 生涯スポーツ大会の運営 ... 105
日本スポーツマスターズ
スポーツ・レクリエーション祭・日韓スポーツ交流事業

16 オリンピック、パラリンピック ―― 110
オリンピックの目的
体育理論としてのオリンピック
パラリンピック
ドーピングについて

17 疲労と健康・運動部活動 ―― 117
疲労とスポーツ障害
部活動の意義
体罰について
熱中症

18 ダンスと武道 ―― 127
武道（柔道）について

19 フェアプレー（リスペクト）の精神 ―― 132
過少申告
頭脳プレー？
これぞリスペクト

はじめに

　健康をめぐる課題として、子どもたちの運動能力の低下や二極化、そして、高齢化・超高齢化社会の到来などが挙げられている。2014年現在65歳以上の人口が4人に1人を占め、2025年には65歳以上の人口が3割を占めると予想され、(私たちももうその仲間入り寸前まで来ていますが)大きな社会問題となっている(「統計から見た我が国の高齢者」総務省統計局)。

　日本人の平均寿命は世界でもトップクラスである(男性80.21年、女性86.61年)(2013年)。しかしながら、一人で生活できず、介護が必要で寝たきりの人も多くいることも事実である。元気に一人で生活できる高齢者。すなわち、健康長寿社会の実現が今後の課題と思われる。

　次に、発刊にあたって、3人で出版する経緯について述べることにする。

　2012年の高校の還暦同窓会の二次会で、学校薬剤師として学校保健の大切さを訴え、実践活躍している守谷まさ子と、保健体育科の教師としての実践経験があり、現在は保健体育科の教員を目指す大学生に指導している私が偶然、隣に座った。これが、初めての出会いであった(高校時代は1学年480名も在籍しており、お互いに存在すら知らなかったのだ)。そして、学校薬剤師として取り組んでいる彼女の最重要課題であった医薬品教育の重要性を教えられ、学校教育や地域の中でいかに取り組むかについて踏み込むことになったのである。こうして、学校保健が重要視される学校経営を保健体育科の教師として実践してきた経験を持ち、さらには若い教員を育てようと

する私と、学校薬剤師として児童生徒等の心身の健康に関わる二人が、それぞれの専門分野について考えをまとめることとした。さらに、彼女とのつながりから、禁煙教育や飲酒防止教育に取り組んでいる江藤和子と出会い、執筆に加わることとなった。守谷は、「医薬品教育」と「保健安全と学校三師」を、江藤は、「禁煙教育・飲酒防止教育」の項を担当した。健康な生活を送るために活用していただける事柄を18にまとめた。

　学校での学習内容については、国語・算数・英語等には関心が高く、「学力テストの結果」や「高校別有名大学合格者数」等については、マスコミも記事として頻繁に掲載している。体力テストの成績についての掲載はあるが、「保健体育」については、学校教育でどのような学習をしているのかは、興味を持っている人は少ないだろうし、その内容についてはあまり知られていないのが現状である。「保健体育」の授業は、自分の命を守る一番大切な健康について考えることであるにもかかわらず。

　そこで、学校における「保健体育」の学習内容を紹介しながら、健康に結び付けていただければと考え、本書を作成した。先にも述べたとおり、編集にあたっては、保健編9と体育編9の2部構成とし、併せて18項目とした。さらに19項目目として「フェアプレー（リスペクト）の精神」についての稿を起こした。私は、よく、ゴルフコンペを計画するのだが、終わってからの交流を深める19番ホールを大切にしている。クラブハウスで軽食をいただきながら懇談をする時間（アルコール類はダメですが！）。新たなつながりができ、（それは仕事上のことでも良いと考えている）さらにゴルフの輪が広がることにつながるからである。

　ネットを見ていて驚いた。実際に19番ホールのあるゴルフ場が

あったのだ。南アフリカのジェンド・マウンテン山頂の崖にティーグラウンドがあるとのこと！　それが、パー３の打ち下ろしでなんと430mというから２度ビックリ!!

　本書では、健康に生きるために伝えたいことや伝えなければならないことを網羅したつもりである。そして、児童生徒や、一般の人々、さらには学校の教員や教員を目指す学生の皆様にも読んでいただけるような幅広い内容を考えた。健康について考えていただき、自分自身の生活に生かしてほしい。教員や教員を目指す学生の皆さんには、児童生徒に、「健康について」「命の大切さについて」正しく学ばせてほしい。そのための資料やヒントとして活用していただければ。そんな思いで出版することにした。

2015年６月６日（64歳の誕生日に）

谷川　尚己

保健編

1 医薬品教育

薬教育について

　学校環境衛生検査のため、校舎を移動しているときに、生徒と話をすることがある。
　「先生、何してるの？」「薬剤師さんなの？」「薬ちょうだい」と、いとも簡単に話す内容に、この子たちは薬を何だと思っているのだろうか？と不安に感じ、また、養護教諭から、「薬のメーカーから、たくさんの痛み止めをもらった」と話され、なんとかしないといけないと思ったのが2008年のことである。
　学校へ行く度に、養護教諭に、学校や生徒の薬の使用状況を聞き、学校卒業後の薬使用についての不安がないかを聞いてきた。また、高校での薬教育が2013年から始まるので、「薬剤師である私の薬教育の授業を一度見ておいてほしい」ともちかけ、実現にこぎつけた。学校で初めて授業を行うにあたり、生徒は薬について何を知り、何を知らないのか？を事前にアンケート調査を行った。そして、分かっていない事、間違ったとらえ方をしている事、知っておいて欲しい内容等を盛り込んだ授業を考え、薬の正しい使い方を中心に生徒に伝えることとした。

ところで、4章「保健安全と学校三師」(P.38〜)でも少し述べるが、学校薬剤師の仕事について紹介することにする。年に何回かは、学校環境(教室やプールの照度検査、空気検査、水質検査など)が適正に管理されているかどうかを検査し、指導助言をしている。また、健康相談や保健指導の業務も行っているのである。

セルフメディケーション

　2000年、WHOは、軽度の不調は自分自身で手当てする、いわゆる「セルフメディケーション」という考え方を提唱している。

　2009年より薬の販売の制度が変わり、テレビを見ていると「薬剤師・登録販売者に相談！」という言葉を耳にすることがあるだろう。また、最近、国の規制緩和により、ドラッグストアや、コンビニエンスストアで簡単に薬が買えるようになった。そこで、薬による健康被害を受けないために、薬教育を行うことが求められるようになった。文部科学省は、学習指導要領の保健体育の内容に、中学校は、2012年から薬の正しい使い方を、また、高等学校では2013年から、薬の使用にあたっての制度や理解の内容を入れ込み、生徒がこれらの知識を身につけるよう求めている。学習指導要領の内容(抜粋)は下記のとおりである。

中学校学習指導要領

　(4) 健康な生活と疾病の予防について理解を深めることができるようにする。
　オ　健康の保持増進や疾病の予防には，保健・医療機関を有効に利用することがあること。また，医薬品は，正しく使用すること。

高等学校学習指導要領

保健
（2）生涯を通じる健康
イ　保健・医療制度及び地域の保健・医療機関
　　生涯を通じて健康の保持増進をするには，保健・医療制度や地域の保健所，保健センター，医療機関などを適切に活用することが重要であること。
　　また，医薬品は，有効性や安全性が審査されており，販売には制限があること。疾病からの回復や悪化の防止には，医薬品を正しく使用することが有効であること。

　話を元に戻すことにする。自分自身の夢や可能性を広げるためには、健康であることが一番であるが、ストレスが多い現代において、健康でなくなることもある。そんな時には、薬剤師・登録販売者に薬のことを尋ね、自分の症状に合った薬を選択することは、自分自身を守ることにもつながるのである。

学校薬剤師が行う高等学校での授業の一例

　授業では、これからの長い人生において、自分自身が使う薬についての「考え方」として覚えておいてほしいことを中心に進めることにした。体調不良になった時、普段の健康を取り戻すために、自分に合った薬を、自分に合った量を、決められた期間、使う意義を理解してほしいと考えた。
　前述のとおり、授業を行う前に、5項目についてのアンケート調査を実施したが、まずは、それらの結果から話すことにする。
「Q1　薬が必要だと思った時はどんな時か」について、一番多かったのは、風邪。次が痛み、おなかが痛い時、の順であった。

「Q2　薬を使う理由」については、「熱を下げるため」「下痢を治すため」「痛みを和らげるため」「鼻水を止めるため」などと答えていた。また、「体を健康な元の状態に戻すため」と答えた生徒もいた。そのとおり！　薬は、人の自然治癒力(治そうとする力)を応援するものなのである。

「Q3　医療用医薬品／一般用医薬品の違いを知っていますか」について説明しよう。

　一般用医薬品(薬局や薬店で市販されている薬)は、消費者自身の判断で使うもの(セルフメディケーション)で、正しく使えば副作用は比較的少ない。一方、病院や診療所で処方される医療用医薬品は、副作用などに注意しながら、医師が患者さん個人の症状に合わせて出される薬である。医療用医薬品を自己判断で使うと取り返しのつかないことになることがある。実際に、ダイエットのために利尿剤を使用して、痛風になったケースもあるのだ。自己判断で使ったり、飲む量を勝手に変えたりしないようにしよう。

「Q4　一般用医薬品を買う時、薬剤師や登録販売者に相談するか」の結果は、相談するが27％、相談しないが72％であった。

　ところで、薬には、商品名と一般名(成分名)がある。商品名は、会社固有のブランド名で、一般名は、薬の成分特有のもので世界共通である。例えば海外旅行の時に必要な薬の名称は一般名だが、一般用医薬品「バファリン」と言ったら、何種類もでてきた。さて、あなたがほしいものはどれ？といった状況も考えられる。こうした時はお店の人に尋ねると良い。それぞれの違いを知って買うことが大切である。

「Q5　薬使用の前に薬の説明書(添付文書)を読むか」については、73％が読むと答えていた。また、「説明書どおりに飲むか？」の問

いには93％がそのとおりに飲む、適当に飲むは７％であった。さらに、服用する薬は、「風邪薬」「痛み止め」が多くみられ、その入手先については、１．病院　２．ドラッグストア　３．家にある薬　４．薬局　の順であった。

　アンケート結果を伝え、その後、８項目について、実験や活動を組み入れ、授業を進めていった。

1　薬を購入するときの注意点

薬剤師・登録販売者に、次の二つのことを伝えることが重要である。

- 服用者…誰が飲むのか

  情報：年齢、性別、薬や食べ物のアレルギー歴（家族についても）、副作用歴。また、持病、今服用している薬やサプリメント、健康食品などの内容、お薬手帳を持っているか。

- 病状説明

  いつごろからどのような症状が出始めたか、特に気になっている症状（熱、痛み、咳、腫れ、睡眠状況）。

2　薬の有効活用（薬効を最大限に、副作用は最小限に）の意義について

- 薬が体に入って出ていくまでを考える。基本的に、薬はコップ１杯の水で飲む。水に溶け、腸から吸収して初めて身体の中に薬が入る。そして、全身を駆け巡った後、肝臓で分解され、尿や糞便として体外へ出て行くのである。
- 血中濃度（吸収⇒分布⇒代謝⇒排泄）はとても大切である（P.14の図参照）。

3　注意点と保管方法

　処方された「薬」によって、尿や便の色が変わることがあるが、基本的には大丈夫である。また、子どもの手の届かない所に置くこと（子どもの前でお薬を服用することはしないように）。他の人が誤って飲む可能性があるため、薬を別の容器に移し替えたりしないようにす

14　保健編

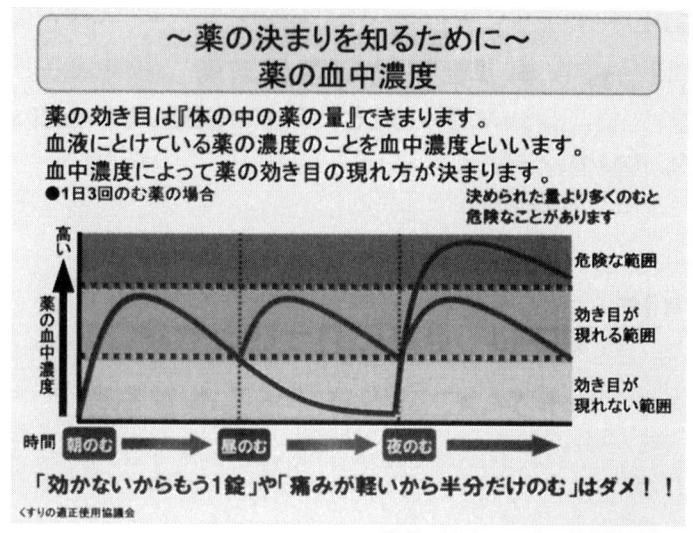

資料：くすりの適正使用協議会

ること。保管方法は、品質が変化することが多いため、高温・多湿・直射日光は避けること。使用期限を確認することなどがポイントである。

4　副作用について

　リスクのない薬はないと言える。副作用は①薬の効果が過剰に表れるもの、②薬の毒性によるもの、③予想外の作用が出る場合等、さまざまである。薬の使用方法どおりに使うことが基本である。しかし、人は異物(薬)を身体から出す能力に個人差があったり、性差があったり、民族差もある。予想外の副作用については、危険な症状につながることもあるため、添付文書をよく読み、初期の症状が出た時にすぐに病院へ行く等、対応することが大切である(ショック、SJ症候群〈皮膚粘膜眼症候群〉など)。不運にも、薬を正しく使用したにもかかわらず、入院する等の重篤な副作用を起こした場合、医

薬品副作用被害救済制度を受けることができる。

5　医薬品副作用被害救済制度とは

　薬を飲んだ後、いつもと違う体調変化が起こったら（添付文書に書かれている副作用かな？と思ったら）、早目に医師の診察を受けよう。入院を伴うような重篤な副作用には「医薬品副作用被害救済制度」が受けられる。医薬品副作用被害救済制度の申請期限は2年。制度請求については、以下を参照に。

http://www.pmda.go.jp/kenkouhigai/fukusayo_dl/

「医薬品副作用被害救済制度」

　病院・診療所で投薬された医薬品等や薬局などで購入した医薬品を適正に使用したにもかかわらず発生した副作用による疾病、障害等の健康被害を受けた方の救済を図るため、医療費、医療手当、障害年金等の副作用救済給付を行い、健康被害者の迅速な救済を図ることを目的とした公的な制度

---

1. 原則として医薬品の添付文書に書かれた使用法に従うこと。
2. 入院相当の治療が必要な被害（重い副作用）
　給付の請求には、使用した薬の名称や量、理由のほか、副作用とみられる症状や経緯などを医師が記入した「医療費・医療手当診断書」が必要。
3. 医療費・医療手当の請求期限は2年。
4. 一般用医薬品は消費期限などが記載されている包装や瓶を捨てず、薬局のレシートを貼って使いきるまで保管しておこう。

6 医薬品と健康食品／サプリメントの違い

	医薬品	健康食品／サプリメント
品　質	同じ品質	同じ名称でも品質にばらつきがある
利用環境	医師・薬剤師の監督下、副作用がないかチェックが入る	消費者の自己責任。友人の言葉、知り合い、マスコミなどの不確かな情報
科学的根拠 質・量	動物実験、健常者、病気の人を対象にテストされ決められる	試験管内実験、動物実験が大部分

健康食品／サプリメントの特徴

1. 利用者は女性と高齢者が多い
2. 不足している栄養成分の補給（栄養素としての機能を期待）
3. 病気の予防・健康増進
4. 老化防止（⇒医薬品ではない！）
5. 病気の治療（⇒医薬品ではない！）
6. 購入先は薬局・薬店・ドラッグストア（49%）、通販・インターネット（12.5%）

購入時の注意点

1. 海外で健康食品（サプリメントを含む）として販売されているものであっても、日本では医薬品であるものがある。
2. 健康食品を購入する際は、短期間に効果が現れる、病気が治るなどの虚偽誇大な表現をしたものに注意が必要。

3. 健康食品を購入する際は、バランスの良い食生活が基本であることを認識し、自分の健康状態、栄養状態を把握したうえで、必要なものを選択すること。
4. 国が安全性・有効性を評価し許可した食品として「特定保健用食品」があるので、目的に合わせて利用すること。

7　ジェネリック医薬品とは

　後発医薬品(ジェネリック医薬品)は、すでに使用された新薬で安全性と有効性が確かめられており、ヒトでの安全性や有効性を証明するための臨床試験は不必要である。先発医薬品と同じ成分、同じ効き目であることを証明する等、承認申請に必要な試験項目、書類が格段に少ないため安い費用で開発できる。新薬(先発医薬品)を開発するには、約10～15年の期間と150億～200億円の費用がかかるのに対し、ジェネリック医薬品の開発は3～5年の期間と数千万円程度の費用で済むといわれている。ジェネリック医薬品と先発医薬品では、主成分が同じでも添加物や製法が異なり、その違いが、薬の効き方などに微妙に現れることもある。ジェネリック医薬品は、厚生労働省での厳しい審査にパスしたものだけが医薬品として国民に提供されている。

8　安心を持つ！　お薬手帳について

「お薬手帳」は、あなたに処方された薬の名前や飲む量、回数、飲み方、注意することなど(薬歴)を記録するための手帳である。
1. この記録があると、医師や薬剤師が、どのような薬をどのくらいの期間使っているかなどを判断できる。
2. 他の診療所などで薬をもらうときにも、医師・歯科医師や薬剤

師にこの手帳を見せることで、同じ薬が重なっていないか、また不都合な飲み合わせ等についての確認も行ってもらえる。
3. 地震などによる災害時に常用薬の確認ができるため医師による適切な処方が可能になる。

　このように、アンケート結果をもとにした話や8項目について実験等を組み入れ、授業内容を紹介したが、これらのことは、高校での授業に限った内容ではない。読者の皆様の日常生活にも当てはまるものである。今一度、薬について考えてみよう。
　最後にもう一度、薬を飲んだ後、薬は効いているか(主作用)、いつもと違う症状はないか(副作用)、1～2時間後から自分の体の状態に変わりはないかを注意し、服用後3～4日たっても効果や改善が見られない場合は、医師の診察を受けることが非常に重要である。健康な体で夢の実現を！　すべては、薬による健康被害を受けないために……。

薬教育までの道のり　―特別なものから身近なものへ―

1. 国の制度改革の一つとして、薬の販売形態を変え、「簡単な疾病に関しては自分で手当てする」いわゆるWHOが2000年に提唱したセルフメディケーションの考えを広く広め、日本の国民医療費の増大を少しでも抑え、国民皆保険制度の存続を目的としていること。
2. 販売方法の変化に伴い、OTC医薬品(大衆薬)がさまざまな場面で簡単に入手できる環境が作られた。これによって国民に薬の適正使用に関する知識や判断の力がないことで、引き起こされると予想される健康被害を最小限に抑えたいこと。

これまでの流れ

	厚生労働省	文部科学省
2002年11月	一般用医薬品承認審査合理化検討会　提言「セルフメディケーションにおけるOTC医薬品の在り方」	
2005年7月		中央教育審議会提言「医薬品の基礎知識をすべての子供が持つべき」
2006年6月	改正薬事法公布　医薬品販売のあり方全般の見直し　学校教育における啓発の必要性	
2007年8月	医薬品啓発資材作成・普及	
2008年1月		中央教育審議会答申　中学校のくすり教育、高校生のくすり教育のレベルアップを言及
2009年6月	改正薬事法施行、登録販売者制度	
2012年4月		中学校学習指導要領（くすり教育）完全実施
2013年4月		高等学校学習指導要領完全実施
2014年2月	新改正薬事法　情報提供に関する事項（区分、ネット販売等）	

登録販売者制度：一般用医薬品の販売に関して、専門家が薬の情報を提供することが求められる。都道府県の試験を受け、合格すると第2類第3類の薬の販売ができる資格。これまで①薬学部大学卒業、②高校卒業＋実務1年以上、③4年以上の実務、④都道府県知事が①〜③の知識があると認めた人に受験資格があったが、2015年から①〜④の条件なしで受験が認められることになった。

薬はなぜぬるま湯や水で飲むの？

　スポーツドリンクで薬を飲んでいる人はけっこう多いのではないだろうか。なかには、ビールなどのアルコールで。「薬は、水やぬるま湯で飲むのだ」と教えられてきた。地域の老人クラブでお話をしたときに、たずねたところ、80歳を超えるおばあさんから、「先

生、それは昔から決まっているの」と言われた。では、なぜ、たっぷり（コップ１杯）のぬるま湯で飲むのだろうか？　小学校での保護者参観日に合わせて学校薬剤師と薬教育の授業をした。「空のカプセルが指にくっつく時とくっつかない時があるよね。くっつかない時は、指にたっぷりの水がついているとき。くっつく時は、水をつけなくても、汗だけでもくっついて離れないよ。薬を飲んだ時と思って考えてごらん」「たっぷりの水だと薬は胃まで運ばれるよ。水が少ないと食道に引っかかって、胃まで届かないから薬が効かないよ」すかさず、学校薬剤師が「食道に引っかかった薬が溶けると潰瘍ができることもあるよ」と専門的な知識を伝える。

（実験）　三角フラスコに、ぬるま湯、コーラ、コーヒー、ジュース、スポーツドリンクを注ぎ、カプセルを入れました。どれが一番早くとけるだろうか。１分もしないうちに、ぬるま湯に入れたカプセルは溶けだしたが、他の飲み物では10分たっても溶けなかった。保護者の一人は、子どもから「薬は、なぜ水やぬるま湯で飲むの」と聞かれても、理由がわからず、「そんなこと言っていないで、水やぬるま湯で飲まないと！」としか言えなかったのだが、今日の授業を参観して、「理由を言って飲ませられるわ。来てよかった」と言ってくれた。そして、もう一つ、「子どもだけでは薬を飲ませてはいけませんよ。家族に相談してから飲むのですよ」このことが共通理解された。保護者参観日に薬教育をすることは、ともに

薬が溶ける実験

健康について考えることができるという効果があり、そのほかのことでも、ともに考えることにつながりますよ。

1日3回飲む薬、飲み忘れたらどうするの？

　昼食後、薬を飲むのを忘れました。あなたならどうしますか。子どもたちは隣同士話し合っています。「2回分を一度に飲むのはダメです」「2回分飲むと効きすぎると思います」正解だ。薬には効果が現われる範囲があり、2回分を一気に飲むと、危険な範囲になるのだ。家族から「風邪が治りかけたら薬の量を半分にしとき」と言われたことはないだろうか？　半分では効果が表われない。

　バルセロナ日本人学校での、薬教育。「薬には、食前あるいは食後または食間に飲むと書いてあるけれど、食間とは、いつのこと」と小学生にたずねた。

「この間、お母さんがご飯にふりかけてくれたよ」

　えぇーッ。

　ところで、「食前、食後、食間の違いは？」

　食前とは、食事の約30分前。食後とは、食後約30分。食間とは、食事と食事の間（ほぼ食後2時間くらい）のことですよ。

OTC医薬品

　医薬品に関する法律が変更になっている。2014年6月12日に「改正薬事法」が施行され、さらに、同年11月25日から「医薬品医療機器法」へ。それに伴い、「医療用医薬品」と「一般用医薬品」とされていたが、「一般用医薬品」が「OTC医薬品」(Over The Counter：対面販売)となった。P.22の表（谷川作成）のように「要指導医薬品」が新たに設定され、書面での情報提供が義務付けられ、さらに、イン

OTC医薬品の分類

OTC医薬品の分類		対応する専門家	販売者からの説明	インターネット、郵便等の販売
要指導医薬品		薬剤師	書面での情報提供（義務）	不可
一般用医薬品	第1類医薬品			可
	第2類医薬品	薬剤師または登録販売者	努力義務	
	第3類医薬品		法律上の規定なし	

ターネット販売は禁止されている。

　滋賀県内3高等学校において「医薬品教育」を実践したが、教科書との変更点を伝えた。教員や将来、教員を目指す学生は、今後、新しい情報をキャッチし、正しい知識のもとに指導することが重要である。

薬と健康の週間

　10月の第3金曜日からの1週間は何の週間だろうか？　答えは「薬と健康の週間」である。厚生労働省や薬剤師会が主催する取り組みで、その目的は「医薬品および薬剤師の役割に関する正しい認識を広く国民に浸透させることにより、国民の保健衛生の維持向上に寄与すること」とされている。例年、この期間には、新聞記事の「PRのページ」として大きく取り上げられている。2014年度は「薬剤師の仕事」「かかりつけ薬局」「ジェネリック」「進む医薬分業」「超高齢化社会で」について、薬剤師会からのコメントが掲載されていた。中学校や高等学校の保健の授業の導入として最適の教材である。
　ぜひとも活用を！

2

禁煙教育・飲酒防止教育

禁煙

「5月31日は何の日ですか」と尋ね、6月1日の新聞記事の切り抜きを提示する。実は、「世界禁煙デー」である。このように、導入に使って授業に入っていくのも一つの方法だろう。

　さて、2013年の日本人の喫煙率は、成人男性が32.2％、成人女性が10.5％である。1966年がピークで当時の成人男性は83.7％、成人女性は18％であったことからすると、女性の喫煙率の減少率がはるかに少ないことが気になるところである。

　ところで、ゴルフ好きの筆者二人にとって、いやなことがあった。レストランでのタバコの煙である。つい立があり、手前が広い喫煙可能なスペース。奥に追いやられている狭い禁煙スペース。久しぶりのゴルフ。2階のレストランへ上がると、何やら模様替え。つい立がなくなっていた。しかも、今日はレストラン内が全面禁煙に変わっていたのである。ようやく、ゴルフ場にも禁煙の流れが。

　2003年に施行された健康増進法第25条には罰則はないが、「受動喫煙の防止」が盛り込まれている。公共施設や商業施設など多くの人が集まる場所では原則禁煙化が進んだ。職場での分煙化も進んでいる。残るは、ティーグラウンドである。ゴルフは、私にとって、健康を保つためにしているのだ。絨毯のような芝生を歩かなくてどうする。こんな思いの人間にとって、きれいな空気を思い切り吸

い込んでティーショット。
ベストスコア更新ですよ！

タバコをやめるために絶対に必要な思考法がある？

　世の中には、なぜ禁煙に成功する人と禁煙できない人がいるのだろうか。臨床で看護師として働いていた時、この問いに答える患者がいた。

- タバコが自分や周囲の人間の身体に悪影響を及ぼすなんて、もう嫌というほど聞かされ、禁煙の必要性は重々承知であるが禁煙は難しい。
- 「さあ今日から絶対に吸わない！」と思うんだけれど……。
- やめたいと思っても、なかなかやめられない。
- 禁煙を始めた理由を考えた。

　私は、未成年者の喫煙防止教育の中でずっとその答えを考えていたが、あなたならどう考えるだろうか。そしてあなた自身は、人生の中で、「本気で禁煙するための今までの考え方を変える」ことができるだろうか。禁煙に成功する人は、考えが違う。禁煙に成功している人は例外なく、【健康に向かう思考パワーがある】ことを人生に活かしており、考え方一つでいかに自分が禁煙できるかを知っている。人は考え方を変えることができる。そして、考え方を変えるとは、健康な行動に変えることである。つまり、禁煙をしたいならば、【考え方】そのものを変えればいいのである。ここに気づけば【考え方を変える】ことには、計り知れないほどの価値がある。
　ここでは考え方を変えることを発見し、禁煙を成功していくためのヒントを書くことにする。

1. 禁煙するために正しい思考法を習得するには努力が必要である。禁煙できるための考えが向こうのほうからやってきてくれることは、まずない。自分から考えなければならない。

2. 「禁煙なんて簡単だ」というのは、真剣に考えていない人の言葉であると言える。考えるというのは困難を極めることで、その考えをさらに変えることは「考えたつもり」で終わっているのである。

3. 自分の人生にタバコが必要となる理由の根幹を探り当てる。それは難しい。禁煙がうまくいくように願うだけだ。そしてうまくいかないと、イライラする。

4. 肺ガンと診断された二人の患者。一人は「残された時間をどのように生きるか」と考えるが、もう一人の患者は「あとどのくらい生きられるか」と考える。あなたならどう考えるか。生きる姿勢が変われば、行動も変わるはず。

5. 自分は禁煙のために変わらなければならない。自分は禁煙することで変わることができる。禁煙することで、変わることで自分は報われる。考え方が変われば、正しいと信じ、堅固に守る自分の考え方にも変化が生まれてくる。

6. 禁煙を成功させるには、考え方を変える。禁煙を継続している段階では、生活・気持ちの変化がつきものだが、その変化はなかなかなじみにくい。もしも変化に対して違和感が感じられないとしたなら、それは真の禁煙がなされてないということだ。

7. 今までも何度も禁煙に失敗してきている人こそ、失敗から学ぶことが重要である。失敗から学ぶためには、学ぶための姿勢が必要である。失敗を失敗で終わらせない方法がある。一人で考えるよりも、禁煙外来で考えたほうが大きな成果を上げられることが分かる。

8. 「できそうな気がする」なら半分は成功したようなものだ。できないと思うなら、もうすでに戦いには負けているのだから、どんなに努力しても無駄である。

9. オオカミの中で育てられた子どもがオオカミの生活様式に適応してしまうくらい、人間は柔軟である。つまり、人間の能力は「習慣」次第で、いかようにも向上できる力を持っているのである。

10. 禁煙ができると信じればできる。それが、前向きに考えられる「習慣」を持つこと。

11. 禁煙に失敗しても、過去の失敗したやり方には、かならず自分を知るヒントがある。

12. 禁煙を成功する方法は？
    ① あなたの禁煙する目的は何か
    ② 禁煙のやり方は自分の気質や特性に合っているか
    ③ 禁煙を成功させるための方法を知っているか

    どれかが欠けていると、禁煙は成功しない。この意識をまずしっかりと持つことである。

13. 禁煙ができない人に足りないものは、禁煙をする意味が見いだせないことである。禁煙をすることの楽しさこそが必要である。「やらされている」意識ではそういう気持ちを持つことは決してできない。自分の中から湧き出る禁煙の意志で向かっていくしかない。

14. 禁煙ができない人は、一人でやるとモチベーションが上がらず挫折しているので、時には人の手を借りること（禁煙外来）、身近な友だちや家族にも禁煙の決行の後押しをお願いすることをお勧めする。

15. 「『人はできるだけ健康でなくてはならない』この信念が持てるか？」だと考える。

16. 禁煙をしている途中は、ものすごく苦しいが、そこを乗り切ってしまうと身体がふっと楽になる。禁煙が続けられる気がしてくる。禁煙も続けていると確実に、そんなに嫌でもなく辛いことでもなくなる。そこまでやりきると、自信がつく。耐性もつく。

17. 私の辛いときに口ずさむ歌は、光GENJIさんの『勇気100%』である。
    「夢はでかくなけりゃ　つまらないだろう　胸をたたいて冒険しよう
    　そうさ100%勇気　もうがんばるしかないさ」

上記17ヶ条で、禁煙成功間違いなし！

ニコチン依存度の自己診断をしよう

　ニコチン依存の程度を簡便に判定するために、Fagerstrom（ニコチン代替療法の開発者でもある）が1978年に開発したFTQはこれまで最も利用されてきた質問評価表で、ニコチンガムなどのニコチン代替療法の適用を決定するのに有用である。1991年、Heathertonにより改訂されたFTNDは、臨床的により有用性が認められている。禁煙指導の場や喫煙者が自らチェックすることで、ニコチン依存の程度を容易に知ることができる。合計6点以上は重症のニコチン依存症である。

　参考文献：たばこと健康に関する情報ページ：厚生労働省
　　　　　　http://www.mhlw.go.jp/topics/tobacco/main.html

ニコチン依存度判定法（FTND）

	0点	1点	2点	3点	得点
たばこの本数（1日）	10本	11〜20本	21〜30本	31本以上	
起床時からたばこを吸うまでの時間	1時間	30分	5分	5分以下	
どちらのたばこがもっともがまんしにくいか	右記以外	朝一番のたばこ			
午前と午後の本数はどちらが多い	午後	午前中			
禁じられた場所での禁煙を困難と感じる	いいえ	はい			
病気など体調の悪い時でもたばこを吸う	いいえ	はい			
判定基準	3点以内　やめやすい	4〜6点　ふつう	7点以上　やめにくい		合計

Fagerstrome Test for Nicotine Dependence (Heatherton, 1991) Br J Addict 86 : 1119・27. 1991

子どもたちの飲酒の実態

　中学生の飲酒に関する実態調査では、過去の調査と比較し、中学生の飲酒率の低下が確認された。しかし、一方で週1回以上飲酒する「問題飲酒者」層は1.9％から2.2％へと増えていた。また、14歳以下で飲酒を開始すると、20代でアルコール依存症になるリスクが高くなることから、この「問題飲酒者」層の将来的な健康被害への危険性が指摘されている。

　青少年の飲酒についての危機意識は親を含め不十分である、子どもの飲酒問題についての親子の貴重な調査結果がある。飲まないと回答している子どもは29.1％しかいないのに、親たちは65.3％が自分の子どもは飲んでいないと思っており、月に1回以上飲んでいると回答している子どもは29％も存在しているのに、親たちのわずか7％しかそれを認識していない、親は自分の子どもの飲酒をいかに過小評価しているかが示されている。

学校教育への導入　―薬物乱用防止教育プログラム―

　保護者が学習の機会を持つために、親子で一緒に学習するための飲酒防止教育学習支援システムを中心とした学校教育における薬物乱用防止教育プログラムを開発した。親子で一緒に学習する目的は、保護者との会話により知識獲得の向上を目指すだけでなく、保護者自身の啓発も同時に図る点にある。中学校での運用を始めたが、今後、学校での飲酒防止教育学習支援システムを運用していくための条件と課題を述べることにする。

　支援システムを含む薬物乱用防止教育プログラムを推進するうえで、相談窓口の担当者は、薬物問題の専門家であることが必要であ

り、その人材の確保が重要課題となる。各学校で生徒の健康面を担当する養護教諭が相談窓口を担当することも可能だが、養護教諭は生徒との面識はあるものの学内の立場であり、適切ではない。もし、人材確保が厳しく養護教諭が担当せざるを得ない状況であるなら、生徒が安心して相談できる環境を構築するために、学校には個人名を明かさないとの確約を結んで窓口を担当することはありえる。あるいは、学校間で養護教諭が相互に対応するなどの方法を考えてもよい。養護教諭は、薬物問題の専門家、さらには医療機関も含めた相談の体制づくりが必要である。

さらに、プログラムの運用に向けて重要なことは、学校が運用に関するガイドラインを作成することである。具体的には、飲酒の違法性における法律との関係、及び生徒指導との関係である。飲酒を繰り返していると語った生徒の情報を、プライバシーを守るという契約を超えて、生活指導の教師への報告をするかどうかなどのガイドラインを事前に作成し、確認しておくことは重要不可欠である。

中学生用の薬物防止教育プログラムの一部にインターネットを使用した生徒とその保護者による飲酒防止学習プログラムを組み込んだインターネットベースの学習環境を採用した。自宅において時間的・空間的な制約に縛られず親子で参加することを可能とし、その結果、保護者のプログラムへの参加率は約90％にまで達した。プログラム後に行った質問紙において、正しい飲酒に関する知識の習得の項目では、生徒、保護者共に、90％以上の正解率となった。このことから、保護者への啓発には十分に役に立ったと予想される。しかしながら、中学生の一部の生徒ではすでに喫煙・飲酒が開始されているため、中学時代の初飲をなくすには、アルコールに興味をもち始める小学生の時期に、飲酒防止教育が必要であると考える。

現在、筆者ら3人は、小学校教育に導入するための親子で学ぶ「飲酒防止教育プログラム」の作成に取り組んでいる。

参考文献：
鈴木健二・尾崎米厚・和田清他：3回の全国調査における中学生・高校生の飲酒の減少傾向，日本アルコール・薬物医学学会，42，pp.138-151，2007.
鈴木健二・尾崎米厚・蓑輪眞澄他：未成年者飲酒問題全国調査結果1996年と2000年調査の比較，日本アルコール・薬物医学会雑誌　38：425-433，2003.
Guo J, Collins LM, Hill KG, et a 1：Developmental pathways to alcohol abuse and dependence in young adulthood, J Stud Alcoho 1, 61：799-808, 2000.
鈴木健二・松下幸生・尾崎米厚他：中学生・高校生の飲酒状態、全国調査結果，日本アルコール・薬物医学会雑誌（1341-8963）34巻1号 pp.36-48，1998.
江藤和子・田中健次：ICTを活用した薬物乱用防止教育プログラム─親子で学ぶ飲酒防止教育の試み─，教育システム情報学会誌　28(1)：71-79，2011.

Gateway drag

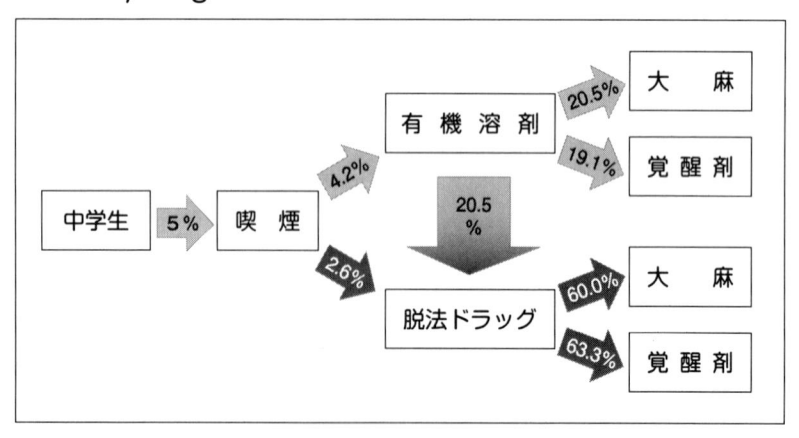

　ところで、この喫煙と飲酒。未成年から手を出すことが重大な問題である。ゲートウエイドラッグ（薬物への入り口）と言われている。
　上の図は、2012年の喫煙した中学生が薬物を経験する割合を示したものである。5％の喫煙経験者は、4.2％が有機溶剤を経験し、さ

らに、彼らは20％前後が、大麻や覚醒剤を経験しているのである。また、脱法ドラッグを経験した2.6％は、60％以上の者が大麻や覚醒剤の経験をするというのである。冠婚葬祭の時等に、未成年者が、タバコを吸ったり、お酒を飲んだりすることに注意することが必要だと思う。

参考文献：和田清「学校薬剤師が知っておくべき薬物乱用の現在」平成26年度研修会

3

合法ハーブ・脱法ドラッグから危険ドラッグに

合法ハーブ・脱法ドラッグから危険ドラッグに

　世間に衝撃を与えた1枚の写真。脱法ドラッグを吸引し自動車を運転、歩道へ突っ込み8人の死傷者を出した(2014年6月24日)。その後も、脱法ドラッグによる相次ぐ事故、事件が起こっている。

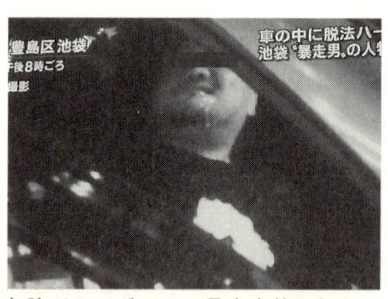

危険ドラッグによる暴走事故を伝えるニュース

　厚生労働省と警察庁は、2014年7月22日に、「合法ハーブ」「脱法ドラッグ」を「危険ドラッグ」に名称変更した。

薬物乱用防止教育の実践

　そこで、私が担当する「保健体育科教育法」において、薬物についての知識と現状、薬物乱用防止に向けての取り組みについて講義を行った。そして、学生自身の知識・理解はもちろんのこと、将来教員を目指す大学3・4年生を7グループに分け、中学3年生7ク

「七夕飾り」決意表明を取り付け 　　　学校薬剤師による薬物乱用防止教室の講演

ラスに薬物乱用防止教育を7月に実施した。授業実施に向け、まず、授業の構成を考え、そして、指導案や資料を作成し、模擬授業を行った。中学校の保健体育科の先生や学校薬剤師の先生も指導助言にかけつけてくれた。

　授業の最後に、決意表明をさせるようにと指導した。それぞれのグループがどのようにすると良いだろうかと考えた。ビデオを撮り、映像で訴えたクラス（京都市の泉中学校の取り組みは映像が作成されていた）、7月の授業だったので「七夕飾り」決意表明を取り付けさせたクラスもあった。授業1週間後には、学校薬剤師が薬物乱用防止教室の講演でまとめを行った。

小学校での薬物乱用防止の授業 　　　薬物防止の標語を貼り付ける児童

また、私や学生が、中学校区の4小学校で薬物乱用防止の授業を行った。薬物の種類について、グループで話し合ったり、2人1組で薬物防止に向けての標語を考え、季節に合わせた樹木などに貼り付けたりといった実践を行った(P.33写真)。

　さらには、大学のある中学校区では、児童生徒だけでなく、先生方や地域住民を対象に「医薬品教育」と「薬物乱用防止教育」についての実践を行っている。

　大学生は、「大学祭」で、薬物ついて調べたことを発表し、乱用防止に向けてのアピール活動を行った。ステージ発表の後、学生たちは決意表明を行った(写真下右)。

薬物乱用防止サークルの結成

　そこで、学生に呼びかけ「薬物乱用防止サークル」を立ち上げたところ予想を上回る40名を超える学生が入ってきた。滋賀県学校保健学会での展示発表や大型量販店でのアピール活動等を行った。アピール活動では、草津警察署や滋賀県薬剤師会の協力をいただくことができた。あらゆる年齢層の人たちにクリアファイルを配布したり、決意表明を書いてもらったり、標語を選んでもらったりと工夫

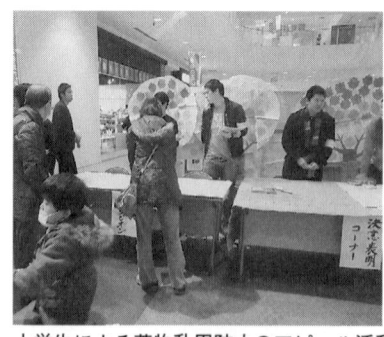

大学生による薬物乱用防止のアピール活動

した取り組みを行った。

　この経験は、学生自身の行動に生かせることはもちろんであるが、将来教員として、正しい知識を伝え、考えさせる授業の創造、さらには、薬物にそまることのない児童生徒を育てることに活用することと期待する。

薬物乱用防止に向けての取り組み

　滋賀県では、2015年4月1日より「滋賀県薬物の濫用の防止関する条例」が施行された。その目的は、①薬物の濫用による県民の生命、身体等に対する危害の発生を防止、②県民が平穏にかつ安心して暮らすことができる社会の実現である。そして、三つのキーワードがある。「売らせない」「買わせない」「患者支援」である。また、「危険ドラッグ等薬物乱用防止啓発キャンペーン」が10月開催（予定）に向けて進められている。県薬務課、県薬剤師会、びわこ成蹊スポーツ大学、立命館大学薬学部、びわ湖放送、エフエム滋賀が実行委員会を立ち上げ、県民に啓発活動を推進していく予定である。

　20014年、成瀬暢也（なるせのぶや）先生の講演を聴く機会があった。「依存患者の6つの特徴」「薬物依存患者への10の対応」について述べられた（下表）。

依存患者の6つの特徴

1. 自己評価が低く自分に自信が持てない
2. 人を信じられない
3. 本音を言えない
4. 見捨てられる不安が強い
5. 孤独で寂しい
6. 自分を大切にできない

薬物依存患者への10の対応

1. 患者一人ひとりに敬意をもって接する
2. 患者と対等の立場にあることを常に自覚する
3. 患者の自尊感情を傷つけない
4. 患者を選ばない
5. 患者をコントロールしようとしない
6. 患者にルールを守らせることにとらわれすぎない
7. 患者と１対１の関係づくりを大切にする
8. 患者に過大な期待をせず、長い目で回復を見守る
9. 患者に明るく安心できる場を提供する
10. 患者の自立を促す関わりを心がける

　教育を考えるなら、「患者」をそのまま、「子ども」に置き換えることができるのではないだろうか。子どもの時代から、六つの特徴にある状況に追い込んでいないかどうか。さらに、10の対応をもって子どもと関わっていけば、薬物乱用はもちろん子どもたちの健全な成長に結びつくものと考える。

　さて、危険ドラッグは、大麻や覚醒剤の数倍あるいは20倍以上の強力な作用があるといわれている。若者の使用者が多く、中学生にまでも。インターネットでも簡単に購入できるという。だからこそ早い時期からの教育が必要である。警察や医師、薬剤師は、拡大を阻止すべく懸命になっている。私も、関係機関と連携しながら、学校等へ出かけ、出前授業や講演を行っている。しかしながら、その危険性に気が付いていない学校関係者が多いように思われる。今、学校はもちろん、地域の大人も一体となって防止に取り組まないと日本は大変な国になってしまう。

内臓エプロンを使っての授業

学校薬剤師が薬物による体への悪影響について説明をしている。その時「はい、後ろを向いて」と腎臓や膵臓の悪影響についての説明を始めた。ところがエプロンなので背中は何もない。

そこで、背中に腎臓や膵臓が書けないかと考えた。内臓ベストである。下の写真のとおり、同級生の松谷悦男さんが表裏に内臓の絵を描いたベストを作成してくれた。これを使って、学校薬剤師が腎臓や膵臓に与える影響について説明することができるようになったのである。

内臓エプロンを使っての授業

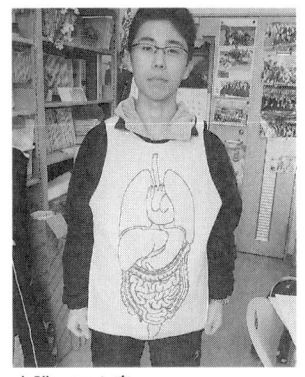

内臓ベスト表

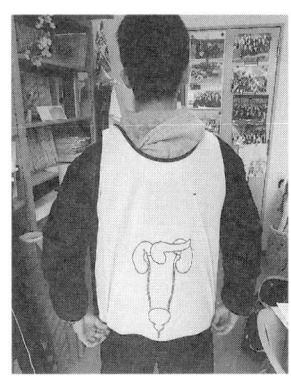

内臓ベスト裏

4
保健安全と学校三師

　ご存知ですか？　学校には、学校医・学校歯科医・学校薬剤師の先生方が非常勤職員として職務に当たっていることを。

法から見た学校三師の任務

　教育基本法の前文より抜粋すると「…日本国憲法の精神に則り、教育の目的を明示して、新しい日本の**教育の基本を確立**するため、この法律を制定する」としている。教育の基本となる「学校教育法」では、「学校においては、別【**学校保健法**】に定めるところにより、学生、生徒、児童及び職員の健康の維持増進を図るため、健康診断を行い、その他、その保健に必要な措置を講じなければならない」(第12条、下線、太文字、カッコは筆者)としている。

　学校保健安全法(2008年6月18日改正)では、学校には、学校医、学校歯科医、学校薬剤師を置くものとする(第23条)と定められている。

　その基となったのは、1958年に制定された「**学校保健法**」で、学校保健管理総合法となった。その内容は、学校保健計画、学校環境衛生、健康診断、健康相談、伝染病予防、学校保健技師、学校医、学校歯科医、学校薬剤師、保健室、保健所への連絡、学校病への財政補助等規定などである。

　学校保健安全法に記載されている、学校三師に関連する内容を抜粋すると以下のとおりである。

第二十三条
一、学校には、学校医を置くものとする。
二、大学以外の学校には、学校歯科医及び学校薬剤師を置くものとする。
三、学校医、学校歯科医及び学校薬剤師は、それぞれ医師、歯科医師又は薬剤師のうちから、任命し、または委嘱する。
四、学校医、学校歯科医及び学校薬剤師は、学校における保健管理に関する専門的事項に関し、技術及び指導に従事する。
五、学校医、学校歯科医及び学校薬剤師の職務執行の準則は、文部科学省令で定める。

学校三師の任務について

　学校保健法施行規則には、第4章に学校医、学校歯科医及び学校薬剤師の職務執行の準則が、第22条から24条にかけて記載されている。
　学校医に関連する内容について取り出すと以下のとおりである。

第二十二条
　　学校医の職務執行の準則は、次の各号に掲げるとおりとする。
一、学校保健計画及び学校安全計画の立案に参与すること。
二、学校の環境衛生の維持及び改善に関し、学校薬剤師と協力して、必要な指導及び助言を行うこと。
三、法第八条の健康相談に従事すること。
四、法第九条の保健指導に従事すること。
五、法第十三条の健康診断に従事すること。
六、法第十四条の疾病の予防処置に従事すること。

> 七、法第二章四節の感染症の予防に関し必要な指導及び助言を行い、並びに学校における感染症及び食中毒の予防処置に従事すること。
>
> 八、校長の求めにより、救急処置に従事すること。
>
> 九、十、省略

学校歯科医に関連する内容は、以下のとおりである。

> 第二十三条
> 学校歯科医の職務執行の準則は、次の各号に掲げるとおりとする。
>
> 一、学校保健計画及び学校安全計画の立案に参与すること。
>
> 二、法第八条の健康相談に従事すること。
>
> 三、法第九条の保健指導に従事すること。
>
> 四、法第十三条の健康診断のうち歯の検査に従事すること。
>
> 五、法第十四条の疾病の予防処置のうち齲歯その他の歯疾の予防処置に従事すること。
>
> 六、市町村の教育委員会の求めにより、法第十一条の健康診断のうち歯の検査に従事すること。
>
> 七、省略

学校薬剤師の任務

学校薬剤師に関連する内容は、以下のとおりである。

> 第二十四条
> 学校薬剤師の職務執行の準則は、次の各号に掲げるとおりとする。
>
> 一、学校保健計画及び学校安全計画の立案に参与すること。
>
> 二、第一条の環境衛生検査に従事すること。

> 三、学校の環境衛生の維持及び改善に関し、必要な指導及び助言を行うこと。
> 四、法第八条の健康相談に従事すること(新設)。
> 五、法第九条の保健指導に従事すること(新設)。
> 六、学校において使用する医薬品、毒物、劇物並びに保健管理に必要な用具及び材料の管理に関し必要な指導と助言を行い、及びこれらのものについて必要に応じ試験、検査又は鑑定を行うこと。
> 七、省略

上記四、五の法第八、九条とは、学校保健安全法であり、その内容は、以下のとおりである。

> 第八条　学校においては、児童生徒等の心身の健康に関し、健康相談を行うものとする。
>
> 第九条　養護教諭その他の職員は、相互に連携して、健康相談又は児童生徒等の健康状態の日常的な観察により、児童生徒等の心身の状況を把握し、健康上の問題があると認めるときは、遅滞なく、当該児童生徒等に対して必要な指導を行うとともに、必要に応じ、その保護者(学校教育法第十六条に規定する保護者をいう。第二十四条及び第三十条において同じ)に対して必要な助言を行うものとする。

また、学校保健安全法に挙げられている学校薬剤師の任務(学校環境、学校給食等の基準)の内容は、以下のとおりである。

学校環境衛生管理基準、学校給食(学校給食衛生管理基準)、理科室の薬品管理(危険物の保管に関する事、毒劇物の扱い、地震対策他)、水に関する法律(水道法、水質汚濁防止法など)省庁をまたがっての内容の検討。そして、学校及び設置者は、日常点検(3年)定期検査(5年)

の記録を保管することと記載されている。

学校薬剤師と学校給食

　1996年、腸管出血性大腸菌 O-157はじめとする集団食中毒が発生して以来、学校給食においては、"菌を付けない、増やさない、殺す"という安全安心の取り組みが示されている。2009年に改正された「学校給食法」は、「学校給食が児童及び生徒の心身の健全な発達に資するもの」「学校給食の普及充実及び学校における食育の推進を図ること」を目的としており、以下の七つの項目について目標達成できるよう努めなければならないとしている。

> （1）適切な栄養摂取による健康の保持増進を図ること。
> （2）日常における食事について正しい理解を深め、健全な食生活を営むことができる判断力を培い、望ましい食習慣を養うこと。
> （3）学校生活を豊かにし、明るい社交性及び共同の精神を養うこと。
> （4）食生活が、自然の恩恵の上に成り立つものであることへの理解を深め、生命及び自然を尊重する精神並びに環境の保全に寄与する態度を養うこと。
> （5）食生活が食にかかわる人々の様々な活動に支えられていることについての理解を深め、勤労を重んじる態度を養うこと。
> （6）我が国や各地の優れた伝統的な食文化についての理解を深めること。
> （7）食料の生産、流通、及び消費について正しい理解に導くこと。

　これらの目標を達成するためには、「学校給食衛生管理基準」に従った安全管理が極めて重要である。また、学校設置者は、基準に照らし、適切な衛生管理が維持されているかどうか、日々、その意識を持つこと。学校長または共同調理場の長においては基準に照ら

し、衛生管理上適性を欠く事項があると認めた場合は、遅滞なくその改善のため必要な措置を講じること、また必要な措置を講じることができないときは設置者に対しその旨を申し出ることが求められている。また、学校給食衛生管理責任者である栄養教諭・学校栄養職員においては、日常管理の状況を日々安全確認できているか。また、学校給食調理員においては、衛生管理に対する学習を行い、設置者の開催する学校給食に関する研修をしっかり受けることが必要である。また、研修会等が開催されていることや、それぞれの立場に課せられた役割をしっかり実施していくことが、学校給食の安全を守り、ひいては、児童生徒の心身の成長を促し、命を守るということになる。5章「感染症」(P.49〜)でも述べるが、学校給食におけるノロウイルスにおける対策を以下に記載する。

ノロウイルス対策としての加熱調理中心温度

加熱処理する食品は中心温度計を用いて、「中心部が75℃1分間以上」二枚貝等ノロウイルス汚染のある場合は「85℃1分間以上」を確認すること大量調理施設衛生管理マニュアル(2013年10月22日付一部改定⇒85〜90℃で90秒間以上を確認し、温度と時間の記録を行うこととなった)

次に、学校給食の課題である食物アレルギーについて述べることとする。

2012年12月に東京都調布市立小学校で5年生女児がアレルギー食材を含む給食を食べて死亡するという痛ましい事故があったことを受け、2013年12月16日に文部科学省から学校給食についての実態調査の結果が公表された。

食物アレルギーを訴える公立小中高校生が4.5%(45万3,962人)で、

9年前から2ポイント増加している。「エピペン」(アレルギー症状緩和する自己注射)の所持者が0.3％(2万7,312人)、症状や対処法を記入する管理指導表を学校に提出していたのは3割で、約6％の学校で学校給食の「誤食」が発生していたこ

> **乳児の5〜10％で発症**
>
> 食物アレルギーは、特定の食品を食べることで、じんましんや下痢、せきなどのアレルギー症状が起こり、命に関わることもある病気。1歳未満の乳児で最も多く発症するが、この時期に発症した場合は自然に治る例が多い。日本小児アレルギー学会によると、食物アレルギーの割合は、乳児の5〜10％、幼児の約5％、小学校以降は全体の1.5〜3％と考えられている。
> 食品衛生法では、アレルギーの発症数や重篤度などから表示する必要性の高い「卵、乳、小麦、エビ、カニ、そば、落花生」の7品を「特定原材料」とし、加工食品に表示するよう義務付けている。また、ゴマやイクラ、大豆など20品を特定原材料に準ずるものとして表示を推奨している。
>
> 資料：産経新聞(2015年3月9日)

とも判明した。発表の内容は、2004年6月の前回調査と比べ、件数が増加しており、じんましんや腹痛、呼吸困難などが同時発生する「アナフィラキシー」経験者は0.5％(4万9,855人)で、前回調査より0.4ポイント増えている。学校生活管理表や診断書などの書類を学校へ提出していたのは、アナフィラキシー経験者の37％で、エピペン所持者の31％にしかならない。

　約5年間でエピペンを使用したのは、小中高あわせて408件。(小252件、中71件、高36件、不明49件)児童生徒自身の使用が122件、保護者114件、学校職員106件、救急救命士66件であった。

　配膳や調理ミスによる誤食は34校(発生率5.9％)で40件があり、症状は軽かった。給食で特別対応しているのは2.1％、対応方法は、献立28％、弁当11％、除去食(アレルギー食材を抜いた給食)39％、代替食(材料を変えて作った給食)22％。

　対応が難しい理由として、設備が不十分53％、人員不足48％、医師の診断がよく理解できない33％であった。命に係わる内容であるだけに、今後、その対応に一定の方向性が必要だと考える。このように、学校薬剤師は、学校給食において、給食の設備、施設、衛生

管理についてはもちろん、アレルギー対応について、食物と薬の相互作用などさまざまな指導助言が可能な立場にいる学校職員として、常に、児童生徒に寄り添った指導助言を発信することが大切である。

　学習指導要領の改定により、医薬品教育が新たに組み入れられ、日本薬剤師会では、学校薬剤師が授業において積極的なサポートをするよう働きかけている。学校においては、学校薬剤師のサポートを受け、医薬品教育が進められることを期待している。さらには、教科保健の「薬物乱用の害と健康」と関連させ、薬物乱用防止教育にも学校薬剤師が積極的にサポートすることが大切だと考える。

　学校薬剤師がサポートした実践事例については、P.37に掲載したとおりである。

栄養教諭

　学校給食と関連して、文部科学省は、2005（平成17）年度から、学校における食育の推進の中核的な役割を担うことを目的とし、栄養教諭制度を創設、施行している。その概要は、下記のとおりである。

○**趣旨**

　栄養教諭制度の概要食生活を取り巻く社会環境が大きく変化し、食生活の多様化が進む中で、朝食をとらないなど子どもの食生活の乱れが指摘されており、子どもが将来にわたって健康に生活していけるよう、栄養や食事のとり方などについて正しい知識に基づいて自ら判断し、食をコントロールしていく「食の自己管理能力」や「望ましい食習慣」を子どもたちに身につけさせることが必要となっている。

○**職務**

食に関する指導と給食管理を一体のものとして行うことにより、地場産物を活用して給食と食に関する指導を実施するなど、教育上の高い相乗効果がもたらされる。

(1) 食に関する指導
① 肥満、偏食、食物アレルギーなどの児童生徒に対する個別指導を行う。
② 学級活動、教科、学校行事等の時間に、学級担任等と連携して、集団的な食に関する指導を行う。
③ 他の教職員や家庭・地域と連携した食に関する指導を推進するための連絡・調整を行う。

(2) 学校給食の管理
栄養管理、衛生管理、検食、物資管理等

○**配置**

すべての義務教育諸学校において給食を実施しているわけではないことや、地方分権の趣旨等から、栄養教諭の配置は地方公共団体や設置者の判断によることとされている。

公立小中学校の栄養教諭は県費負担教職員であることから、都道府県教育委員会の判断によって配置される。

これらの概要により都道府県教育委員会がその配置に力を入れているが、現状は表のとおりである。

平成17～26年度の栄養教諭の配置状況　　上：全国、下：滋賀県

17年度	18	19	20	21	22	23	24	25	26
34	359	986	1,897	2,663	3,379	3,853	4,262	4,624	5,023
—	4	11	15	20	27	30	35	39	43

栄養教諭は、徐々に増員されているが、子どもの人数からすると少ないと言わざるを得ない。下段の滋賀県においても、平成26年度現在43人というのが現状である、

保健主事の役割

学校保健を推進していく上で、「保健主事」は重要な役割を担っている。

学校教育法施行規則第45条によると、「小学校においては、保健主事を置くものとする」そして、保健主事は、**指導教諭、教諭または養護教諭**をもって、これに充てる。さらに、保健主事は、校長の監督を受け、小学校における保健に関する事項の管理に当たるとしている。なお、中学校、高等学校、中等教育学校、特別支援学校にもそれぞれ準用するとされている。

保健主事の任務を要約すると、学校保健と学校全体の活動に関する調整、学校保健計画の作成、学校保健に関する組織活動の推進等で、すべての教員が一体となって取り組み、円滑に進められるように企画、連絡、調整し、実践できるようにすることが大切である。

ところで、1995年3月に学校教育法施行規則が、「…幅広い保健主事の人材を求める観点から、保健主事には、教諭に限らず、養護教諭も充てることができることとした。…」と改正された。井筒らによると、小中高の保健主事の26.6％が養護教諭で、29.8％が保健体育科、43％が他教科の教員であったと報告している。筆者は、教諭の経験が10年あるが9年は保健主事を担当し、養護教諭と連携しながら学校保健を推進した。

養護教諭は、すべての児童・生徒の保健・環境衛生の実態を的確に把握し、疾病や体力などの問題や心身の健康に問題を持つ子ども

の指導にあたるなど、その仕事は多岐にわたっている。このような多忙な中、さらに保健主事の仕事をするにはたいへんな任務であると思う。学校の実態にもよるが、私見として、保健主事を担当するのは養護教諭ではなく、学校全体の健康を考え、意欲的に取り組む先生に引き受けてほしいものである。

参考文献：井筒次郎・石川明夫・中馬充子・吉田蛍一郎：保健主事の活動上の問題に関する一考察，日本体育大学紀要第28巻2号，1999.

5
感 染 症

学校における感染症予防

　感染症については、学校保健安全法、学校保健安全法施行令、学校保健安全法施行規則にそれぞれ規定されている。

学校保健安全法
（出席停止）

第十九条　校長は、感染症にかかつており、かかつている疑いがあり、又はかかるおそれのある児童生徒等があるときは、政令で定めるところにより、出席を停止させることができる。

学校保健安全法施行令
（出席停止の指示）

第六条　校長は、法第十九条の規定により出席を停止させようとするときは、その理由及び期間を明らかにして、幼児、児童又は生徒（高等学校（中等教育学校の後期課程及び特別支援学校の高等部を含む。以下同じ）の生徒を除く。）にあつてはその保護者に、高等学校の生徒又は学生にあつては当該生徒又は学生にこれを指示しなければならない。

2　出席停止の期間は、感染症の種類等に応じて、文部科学省令で定める基準による。

学校保健安全法施行規則には、その種類、出席停止の期間の基準が定められている。

○学校保健安全法施行規則

(感染症の種類)

　第十八条　学校において予防すべき感染症の種類は、次のとおりとする。

　　一　第一種　エボラ出血熱、クリミア・コンゴ出血熱、痘そう、南米出血熱、ペスト、マールブルグ病、ラッサ熱、急性灰白髄炎、ジフテリア、重症急性呼吸器症候群(病原体がコロナウイルス属SARSコロナウイルスであるものに限る。)及び鳥インフルエンザ(病原体がインフルエンザウイルスA属インフルエンザAウイルスであってその血清亜型がH五N一であるものに限る。次号及び第十九条第一項第二号イにおいて「鳥インフルエンザ(H五N一)」という。)

　　二　第二種　インフルエンザ(鳥インフルエンザ(H五N一)を除く。)、百日咳、麻しん、流行性耳下腺炎、風疹、水痘、咽頭結膜熱、結核及び髄膜炎菌性髄膜炎

　　三　第三種　コレラ、細菌性赤痢、腸管出血性大腸菌感染症、腸チフス、パラチフス、流行性角結膜炎、急性出血性結膜炎その他の感染症

(出席停止の期間の基準)

　第十九条　令第六条第二項の出席停止の期間の基準は、前条の感染症の種類に従い、次のとおりとする。

　　一　第一種の感染症にかかった者については、治癒するまで。

　　二　第二種の感染症(結核及び髄膜炎菌性髄膜炎を除く。)にかかった者については、次の期間。ただし、病状により学校医その他の医師において感染のおそれがないと認めたときは、この限りでない。

　　　イ　インフルエンザ(鳥インフルエンザ(H五N一)及び新型インフルエンザ等感染症を除く。)にあっては、発症した後五日を経過し、かつ、解熱した後二日(幼児にあっては、三日)を経過するまで。

ロ　百日咳せきにあっては、特有の咳せきが消失するまで又は五日間の適正な抗菌性物質製剤による治療が終了するまで。

ハ　麻しんにあっては、解熱した後三日を経過するまで。

ニ　流行性耳下腺炎にあっては、耳下腺、顎下腺又は舌下腺の腫脹ちょうが発現した後五日を経過し、かつ、全身状態が良好になるまで。

ホ　風疹にあっては、発しんが消失するまで。

ヘ　水痘にあっては、すべての発しんが痂か皮化するまで。

ト　咽頭結膜熱にあっては、主要症状が消退した後二日を経過するまで。

三　結核、髄膜炎菌性髄膜炎及び第三種の感染症にかかつた者については、病状により学校医その他の医師において感染のおそれがないと認めるまで。

四　第一種若しくは第二種の感染症患者のある家に居住する者又はこれらの感染症にかかつている疑いがある者については、予防処置の施行の状況その他の事情により学校医その他の医師において感染のおそれがないと認めるまで。

五　第一種又は第二種の感染症が発生した地域から通学する者については、その発生状況により必要と認めたとき、学校医の意見を聞いて適当と認める期間。

六　第一種又は第二種の感染症の流行地を旅行した者については、その状況により必要と認めたとき、学校医の意見を聞いて適当と認める期間。

　特に、保護者の方には、「治ったから」学校へ。ではなく、「出席停止の期間」を確認していただくことが感染を予防するうえで大切になってくるので覚えておいていただきたい。そのことが、学級閉鎖や学校閉鎖を防ぐことになると思われる。

肺結核

　筆者が大学3年生の12月5日に、厚生部(現保健センター)から呼び出された。定期検診の結果、肺に「クモリ」があるというのだ。レントゲンの小さな写真。どこに異常があるのか、筆者には全く分からない。学校医の先生(筆者の友人のお父様)が発見してくれたというのである。翌日、病院で診察を受けた。即、入院。それまで、所属するサッカー部で活動をしていたし、12月1日には、大学での駅伝大会があり、10kmを走りきったところだったのに。それから半年の入院生活。

　よくよく考えると、不規則な生活を過ごしていたように思う。深夜12時間のアルバイト。睡眠時間も少なく部活動の練習。知らず知らずのうちに「結核菌」が活発に活動し、発症したのだろう。

　入院生活で、看護師に感謝されたことが二つある。一つは、96本のストレプトマイシンを注射されたが、お尻が大きく(運動していた賜たまもの？　成果？)硬くならなかったので注射がしやすかったこと。もう一つは、採血がしやすかったこと。右ひじに太い血管が浮き出るため、注射針がスッと入ったのである。

　「結核」は過去の感染症と思われているが、いまだに大学での集団

結核死亡率の国際比較
(財)結核予防会結核研究所「結核の統計」2012年

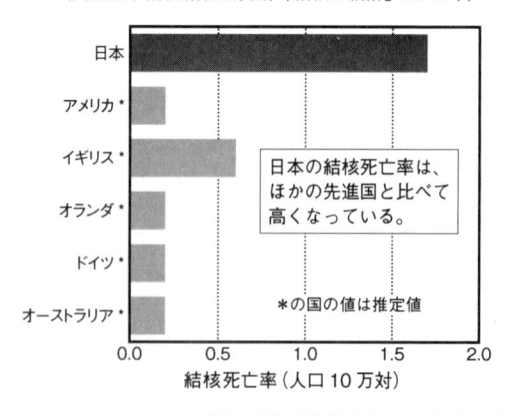

国	結核死亡率(人口10万対)
日本	約1.7
アメリカ*	約0.2
イギリス*	約0.6
オランダ*	約0.2
ドイツ*	約0.2
オーストラリア*	約0.2

日本の結核死亡率は、ほかの先進国と比べて高くなっている。

*の国の値は推定値

引用：現代高等保健体育：大修館書店

感染などといった報道を目にすることがある。P.52の図は、「結核死亡率の国際比較」を表したものである。

　日本の結核による死亡率は、他の先進国といわれる欧米に比べて非常に高い数値を示している。学生や若者の皆さんに忠告する。「若いからといって無理をしすぎることのない日常生活を！」

インフルエンザ、ノロウイルス

　冬は、風邪やインフルエンザ、ノロウイルスが流行する季節である。予防や感染した時の人にうつさない方法として、うがい・手洗いの励行やマスクの着用などが大切である。マスクの正しい着用には次の方法が有効である。口の中心から顔に密着させるように当てがい、隙間がないようにすること。また、空気が乾燥するとウイルスが侵入しやすくなるので、加湿することも大切な方法である。

　今年もノロウイルスによる食中毒の集団発生が相次いだ。ノロウイルスは、非細菌性急性胃腸炎を引き起こすウイルスの一属で、カキ等の貝類の摂食や調理した人や配膳の担当者を介してウイルスが食品などに付着し、それを食べた人が感染することが最も多いと考えられている。感染した人の下痢が原因になるのである。大学の「学校保健」の講義を思い出した。故人となった林正先生（ゼミの担当でもありその後の教員時代にも指導を受けた）の「下痢をした便を拭き取るには、トイレットペーパーを何枚重ねる必要があるか」である。「水溶液による実験では、20枚でも指にウイルスが付着し、何枚重ねて拭いてもウイルスの付着を防ぐのは難しく、大事なのは手洗いなどを徹底し、手指をきれいにすることだとしている」（資料：産経新聞2015年2月19日）

　また、ノロウイルスによる嘔吐物の処理には慎重さが重要であ

る。想像以上に遠くまで飛び散り、乾燥すると舞い上がり、体内にウイルスが入る危険性もある。手袋、マスクや薬剤など、使ったものをビニール袋に入れ、密封して捨てることが大切である（マスクの着用方法とノロウイルスによる嘔吐物の処理方法は守谷から学んだことである）。

インフルエンザの流行というと、「スペインかぜ」が思いうかんでくる。それは、世界において最初の大流行であると学生時代に学んでいたからである。発生源は、1918年3月、アメリカのデトロイトやサウスカロライナ州付近である。感染者は約5億人、死者は、5,000万人から1億人に及んだという（当時の世界人口は、推定で18億〜20億人）。アメリカが発生源であるのに、なぜ「スペインかぜ」？　それは、スペインから情報が発信されたからである。また、この大流行により、多くの死者が出たため、第1次世界大戦の終結が早まったともいわれている。

風疹

風疹とは、風疹ウイルスによる急性熱性発心性疾患のことで、日本では、一般に「三日ばしか」と言われている。2013年には累計1万4,357例の報告があり、風疹が全数報告疾患となった2008年以降（2008年〜2013年）では最も多い報告数となった。2014年の一週間あたりの報告数は2012年以前の水準に落ち着いているが、流行のピークを認めやすい春先に向けて、風疹の流行に引き続き注意が必要である。2013年の報告によると、首都圏や近畿地方が多く、患者の7割以上は男性で、うち20〜40代が約8割を占めていた。2013年度の国の調査では、20〜40代の男性の12.3%（20代6.1%、30代15.8%、40代16.3%）が風疹への抗体を持っていない。一方、20〜40代の女性の3.9%が風疹への抗体を持っておらず、14.0%では感染予防には不十

分である低い抗体価であった。

　抗体を持たない、または低い抗体価の妊娠中の女性が風疹にかかると、赤ちゃんに難聴や心疾患、白内障や緑内障などの障害（先天性風疹症候群）が起こる可能性がある。2012年からの流行の影響で、2012年10月から2014年3月26日までに、44人の先天性風疹症候群の患者が報告されている。妊娠中の女性は予防接種が受けられないため、特に流行地域においては、抗体を持たない、または低い抗体価の妊婦の方は、可能な限り人混みを避け、不要不急の外出を控えるようにすることが大切である。また、妊婦の周りにいる方（妊婦の夫、子ども、その他の同居家族等）は、風疹を発症しないように予防に努めることが大切である。

風疹の定期接種対象者は、予防接種を受けましょう

【風疹の定期予防接種対象者】

　1歳児及び、小学校入学前1年間の幼児は、多くの市区町村において、無料で受けられる。

　また、妊婦を守る観点から、特に、

（1）妊婦の夫、子ども及びその他の同居家族などの、妊婦の周囲の方

（2）10代後半から40代の女性（特に、妊娠希望者または妊娠する可能性の高い方）

（3）産褥早期の女性

のうち、抗体価が十分であると確認できた方以外の方は任意での予防接種を受けることを検討する必要がある。

エボラ出血熱

　1976年に発見された感染症である。アフリカ（スーダンとザイール）で600例以上の症例が起き、その国境を流れる河川の名前から付け

られた。エボラウイルスが引き起こす感染症で、体の内外で出血することがあるのだ。その恐ろしさは、感染した人のうち、9割もの人々の命が奪われてしまうことある。その感染経路は、エボラウイルスがオオコウモリに寄生していて、サルに感染し、そのサルを食することからといわれている。WHO（世界保健機関）の情報によると2015年3月27日の発生状況は、流行国3ヶ国で累積患者数は、2万4,957人（確定患者数1万4,725人、可能性の高い患者数2,564人、疑いのある患者数7,668人）で、累積死亡者数は、1万350人と報告されている。一方で、新たな感染者数は減少傾向で、流行の終息に向けた段階に入ったとしている。エボラ出血熱はこれまでにも流行を繰り返しているが、これほどまでの拡大になったのは、対応が鈍かったとの見方がされており、今後に役立てることが必要だと思われる。国内での感染については、インフルエンザのように、空気感染や飛沫感染ではなく、直接触れなければ感染しないので、日本国内で発生する可能性は少ないと考えられている。流行地域からの日本への入国・帰国後の発症は考えられないことはないが、感染の有無の確認や防御体制等が整備されているので、大流行になることはないだろう。

デング熱

2014年8月下旬に代々木公園周辺でデング熱に感染したと考えられる感染者数は、2014年現在160人と報告されている。デングウイルスに感染した蚊に刺されることによって感染するもので、発生直後から、公園内や隣接する施設等では、利用者の注意喚起や立ち入り制限、蚊の調査や駆除等の対策が取られている。日本でのデング熱の流行は69年ぶりで、デングウイルスの媒介となる「ヒトスジシマカ」は日本にも生息しているためその可能性はあったのである。

「ヒトスジシマカ」はヤブカの仲間で、体長4.5mm程度、背中に一本の白い線とW字状の横線があるという。幼虫は、植木鉢の受け皿等のたまった水などがあるところに発生する。治療法としては、経口か点滴による補液、解熱鎮痛剤の投与がなされている。治療薬もないので、蚊に刺されないことが予防法で、肌を露出しない、虫よけスプレー、蚊取り線香を使うことなどが有効と考えられている。

　腕に止まった蚊を叩き潰したりすることはよくあるが、デング熱への感染の心配はなく、水できれいに洗い流せば問題ないということである。

インフルエンザの簡易検査装置の開発

　インフルエンザに感染しているかどうかが、半日で診断できる簡易検査装置が開発された。今までは、24時間以上待たないと検出できなかったのである。検査時間は長くても15分。市販に向けて製造が進められているという。これにより、早期発見と治療が可能になり、また、デング熱やエボラ出血熱等の他の感染症の診断にも応用できるというから期待したいものである。

性感染症・エイズ

　性感染症とは、性的接触によって感染する病気のことである。中学・高等学校では、性器クラミジア、淋菌、性器ヘルペスウイルス、エイズが共通感染症名として挙げられ、その病原体、潜伏期間、症状等について解説が掲載されている。性器クラミジア感染症の年齢層別発生数を見ると、20歳〜、25歳〜の年齢層が最も多く、さらに女性に多いのが特徴である。

　1985年に国内で初めてHIV感染が確認されておよそ30年になる

性器クラミジア感染症の年齢層別発生数

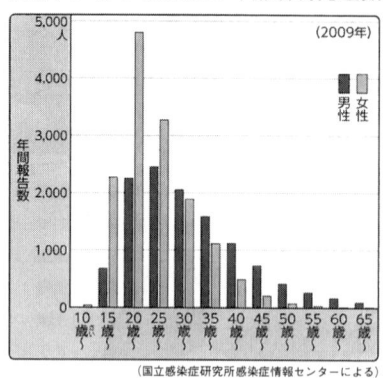

（国立感染症研究所感染症情報センターによる）

引用：中学保健体育：学研

日本おけるHIV感染者及びエイズ患者の年次推移（厚生労働省エイズ動向委員会「エイズ発生動向年報」2012年）

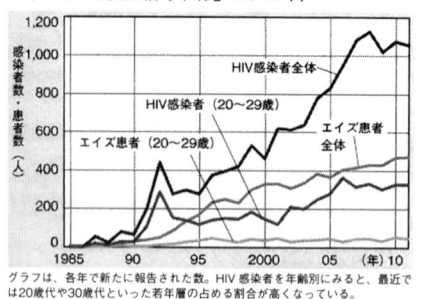

グラフは、各年で新たに報告された数。HIV感染者を年齢別にみると、最近では20歳代や30歳代といった若年層の占める割合が高くなっている。

引用：現代高等保健体育：大修館書店

　が、上のグラフからもわかるように、HIV感染者、エイズ患者ともに増加が続いており、特に、20代の若者に多いのは、前述の性器クラミジア感染症と同様である。

　この30年間、小学校からエイズ等の性感染症についての学習は繰り返し実践されているが、増加傾向にあることからすると学習内容に課題があるのかもしれない。今の若者は、エイズパニックや薬害エイズについての知識もなく「治るんだ」と楽観的にとらえ発症し、亡くなったりしているのではないだろうか。また、エイズは、HIVに感染してからの潜伏期間が10年と長いため、感染を拡大する可能性があるのかもしれない。あらためて、コンドームを正しく使うことなどの予防を学校だけではなく、社会教育の中でも指導することが重要だと考える。

HIV陽性者と社会

　今も年間1,000人を超えるHIV感染者がいる。HIV陽性者を支援

する生島 嗣氏の新聞記事を読んだことがある。医療が劇的に進歩し、1日に1回の服用でよい薬が登場し、生活への負担が少なくなってきたという。生活はもちろん職場で働きやすくすることが大切だと考える。そのためには、HIV陽性者が、差別や偏見を恐れず周りにいる人たちに言える状況を作ることが必要だと感じた。前項で述べた予防と併せて、社会のHIVに対する正しい知識理解を深める取り組みを進めることが重要になってくる。

　最後に、感染症については一国の問題だけではない。めまぐるしい環境の変化等により、どのようなウイルスが発生し、どのような感染症が起こるとも限らない。全世界で、それらに緊急に対応できる仕組みを、今から考えておく必要があるのではないだろうか。

参考文献
岩田健太郎「感染症パニック」を防げ！リスク・コミュニケーション入門
国際厚生事業団「感染症は一国の問題ではない」～エボラ出血熱、デング熱を例に～

6
大気汚染と健康

公害から学ぶ

　筆者の両親は三重県の四日市出身なので、夏は毎年、四日市へ行き、海水浴をし、父親は港で魚を買い、刺身にしてくれていた。ところがある年、今まで海水浴をしていた海岸には、たくさんの煙突が立ち並び、その煙突からは炎が噴き出し、ひどい異臭が立ち込めていた(石油コンビナート)。これが、いわゆる「四日市ぜんそく」と言われるものだったのだ。1960年前後の高度経済成長期には、輸入された石油や金属の加工から生ずる有害物質(二酸化硫黄)が排出され、その周辺に住む人たちに健康被害が出たのである。代表的な症状は「喘息」で、多くの人々が亡くなった。その後、法的規制が強

おもな大気汚染物質と健康への影響

おもな汚染物質	健康への影響
炭化水素（HC）	発がん性物質が含まれ、気管支や肺のがんの原因ともなる。
一酸化炭素（CO）	血液中のヘモグロビンと結びつき、酸素の運搬能力を弱めるので、細胞の酸素不足を起こす。
二酸化炭素（SO_2）	水に溶けやすく、上部気道・気管支の粘液に溶けて硫酸となり、刺激する。慢性気管支炎・気管支ぜんそくなどを起こす。
二酸化窒素（NO_2）	二酸化硫黄より水に溶けにくく、肺の奥にまで届き、肺胞を直接刺激する。肺気腫などを起こす。
光化学オキシダント	さまざまな刺激性物質が含まれており、目を刺激したり、呼吸困難、手足のしびれを起こす。

(大修館書店『現代高等保健体育』)

二酸化炭素濃度と酸欠の体への影響

濃度(%)	影響
1〜2	不快感
3〜4	呼吸数・脈拍数増加、血圧上昇、頭痛、めまい
6	呼吸困難
7〜8	数分で意識がなくなり、死亡

(中央労働災害防止協会『化学物質の危険・有害便覧』)

一酸化炭素の体への影響

濃度(%)	影響
0.02	2〜3時間のうちに軽い頭痛
0.04	1〜2時間後に頭痛と吐き気
0.06〜0.07	1時間以内に頭痛と吐き気
0.08	45分以内に頭痛、吐き気、めまい
0.16	2時間以内に意識不明、死の危険
0.32	30分以内に意識不明、死の危険
0.64	10〜15分以内に意識不明、死の危険

(サンダーマンによる)

化され、ようやく状況が改善されてきたのである。高等学校の教科書(大修館書店)には、二酸化硫黄等の大気汚染物質と健康への影響について、P.60の表が掲載されている。

　中学校の教科書(学研)では、二酸化炭素や一酸化炭素の影響についての資料が掲載されている。

　二酸化炭素の濃度が高くなると、上の左の表のような影響が現れる。

　また、一酸化炭素が増えると、上の右の表のような体への影響が現れる。特に、一酸化炭素は毒性が強く、死に至ることがあるので、注意が必要である。石油ストーブやガスストーブ等の使用時は、室内の換気をこまめにすることが大切である。

　次に、学校環境について述べることとする。P.62の表は、教室等の環境に係る「学校環境衛生基準」である。

　揮発性有機化合物は、比較的分子量の小さい有機化合物の総称で、室内の建材や塗料等に含まれていることが原因となって「シッ

検査項目及び基準値の設定根拠の解説

検査項目	基準
(1) 換気	換気の基準として、二酸化炭素は、1500ppm以下であることが望ましい。
(2) 温度	10℃以上、30℃以下であることが望ましい。
(3) 相対湿度	30%以上、80%以下であることが望ましい。
(4) 浮遊粉じん	0.10mg/㎥以下であること。
(5) 気流	0.5m/秒以下であること。
(6) 一酸化炭素	10ppm以下であること。
(7) 二酸化窒素	0.06ppm以下であることが望ましい。
(8) 揮発性有機化合物	
ア．ホルムアルデヒド	100μg/㎥以下であること。
イ．トルエン	260μg/㎥以下であること。
ウ．キシレン	870μg/㎥以下であること。
エ．パラジクロロベンゼン	240μg/㎥以下であること。
オ．エチルベンゼン	3800μg/㎥以下であること。
カ．スチレン	220μg/㎥以下であること。
(9) ダニ又はダニアレルゲン	100匹/㎥以下又はこれと同等のアレルゲン量以下であること。

シックハウス症候群

　シックハウス症候群とは、建材に使われている塗料溶剤や接着剤に含まれる有害物質により、室内空気が汚染されて起こる体調不良のことです。症状としては、めまいや吐き気、頭痛、思考力の低下などが現れます。学校の教室でも同じような健康影響が起きているため、ホルムアルデヒドやトルエンなどを測定することが決められています。

クハウス症候群」が発生することがある。中学校の教科書では、上のように掲載されている。

　また、厚生労働省では、室内空気濃度指針値を設定している。

　前述の四日市ぜんそくに加えて、高等学校の教科書では、公害の

水質汚濁の例として「水俣病」が、土壌汚染の例として「イタイイタイ病」が取り上げられている。

PM2.5 （「PM2.5の健康影響を考える」就実大学渡辺雅彦教授）

　近年、世界的にPM2.5の基準値が設定され、日本でも、2009年に新たな環境基準項目として告示された。2013年1月には、北京で大規模な大気汚染の発生が伝えられ、黄砂等とともに日本にも到達している。新聞やテレビでも衝撃的な写真・映像が報道されている。PMとは、particulate matter（粒子状物質）、2.5とは2.5μm（マイクロメートル）以下のことである。つまり、粒子径2.5μmで50％の捕集効率を持つ分粒装置を透過する微粒子である。日本の基準等で使われる微小粒子状物質は、PM2.5のことである。この微小粒子は、大気中から消失することなく、長時間存在し、長距離を移動することができる。そのため、中国から日本へ越境してくるのである。また、石油や石炭等の燃焼（自動車の排ガスも）によって発生するばい煙には、多くの大気汚染物質とともに、PM2.5も含まれているのである。自動車の排ガスでも、特に、ディーゼル排気中には多く含まれている。また、室内でのPM2.5の発生源は、タバコの主流煙、副流煙で、1本吸うだけでも各種基準を大幅に超えているのである。このPM2.5の予防としてはマスクの着用で、横から通り抜けていないか確認をすることが大切である。

　2014年12月に、日本、中国、韓国の3ヶ国の記者たちが環境問題について共同取材を行っている。京浜工業地帯の中核である川崎市では、工場や自動車の排ガスから慢性気管支炎等を引き起こしていたが、大手工場と大気汚染防止協定を結び、さらに、全国に先駆けて汚染物質の排出総量規制を盛り込んだ公害防止条例が制定され

各都市のPM2.5の平均濃度

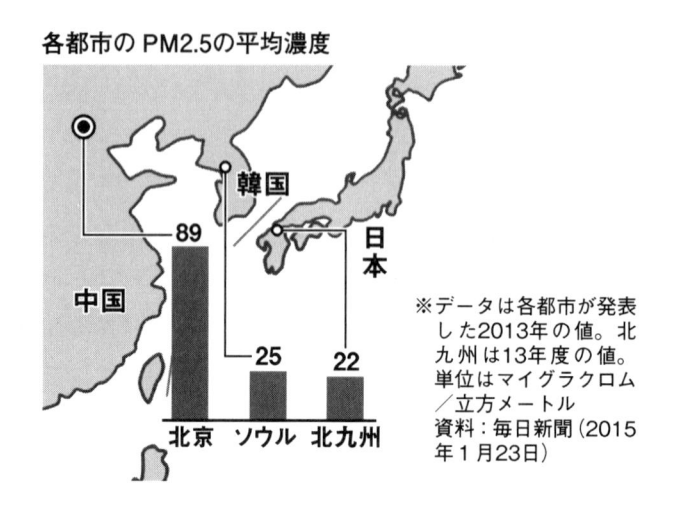

中国 北京 89
韓国 ソウル 25
日本 北九州 22

※データは各都市が発表した2013年の値。北九州は13年度の値。単位はマイグラクロム／立方メートル
資料：毎日新聞（2015年1月23日）

た。工場を存続させたまま環境改善に成功した例は珍しいということである。

　韓国のソウルでは、市内を走るディーゼルバスの天然ガス車化である。13年をかけて8,750台すべてが切り替えられ、ディーゼル車の所有者が排出ガス低減フィルターを設置する際に国と市が補助金を出し、3割の28万台が装着したという。また、市民が自主的に自家用車を使わない曜日を決めるキャンペーンも実施されているということである。

　中国では、環境保護法が25年ぶりに改正、施行されている。北京市では、市内の電気自動車の保有台数の目標を20万台以上にし、充電施設を1,000ヶ所以上建設する予定という。そして、北京市の電気自動車普及に向けた支援制度は非常に進んでいるということである。

参考文献：学校環境衛生管理マニュアル，文部科学省（2010年3月）
「PM2.5の健康影響を考える」就実大学，渡辺雅彦教授の講演　毎日新聞：くらしナビ・環境（2015年1月16日、23日）

7 放射線教育

総合的な学習の1時間として

　東日本大震災が起こり、津波による福島原子力発電所からの放射能漏れに日本中がパニックに陥った。将来教員を目指す学生には、放射能について正しい知識を持つことが重要だと考えていた。そんな時、守谷に、「京都の堀場製作所では、放射線の測定器を製作していて、出前講義をしてくれるよ」と教えられ、京都府薬剤師会館での講演会に参加させてもらった。堀場製作所には、高校1・2年生の時同じクラスだった臼井誠次氏がいるのである。講演会終了後、酒宴に参加させていただき、本学でもお願いしたいと申し出た。こうして「総合的な学習」の1時間として講義をしていただくこととなった。

　こうして3年間、継続して講義をお願いしている。3年目の昨年の講師は、上から読んでも下から読んでも小池慧子さん。
「原子力発電についてのイメージ」については、講義前には「良い」「どちらかといえば良い」を合わせると9.7％であったが、講義後には18.3％と倍増していた。講義を受講し、放射線について理解することによって、「原子力発電のイメージ」や「必要性」について、わずかではあるが増加していた。『平成21年版　原子力白書』（東京電力福島第一原発の事故が起こる前）によると、「原子力発電についての感じ方」について、「安心」「どちらかといえば安心」と答えた

原子力発電と放射線に関する基本的な調査項目

1　原子力発電について
　1）原子力発電のイメージ
2　放射線について
　2）放射線に対するイメージ
　3）放射線は太古から自然界に存在する
　4）人間は空気や食べ物などから放射線を受けている
　5）放射線は物質に対する相互作用を利用し、医療や工業に役立っている
　6）平常、地域で放射線量が測定されている
　7）放射線が通った跡を見ることができる

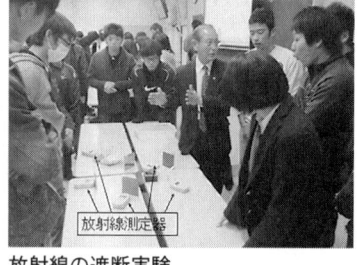

霧箱を使った実験により放射線の飛ぶ軌跡（飛跡）を見る　　放射線の遮断実験

者が41.8％であった。これらのことから、東京電力福島第一原発の事故によって原子力発電に対する考えは大きく変容したものと考えられる。

「放射線に対するイメージ」も同様、講義後に「良い」答えた者はわずかであるが増加していた。講義前に「悪い」と答えた者は64.5％であったが、その理由として、東北地方太平洋沖地震による東京電力福島原発に関するニュースの影響を挙げているものが多く見られた。しかし、正しい知識を身に付けることで「悪いイメージ」が講義後には3分の1に減少したものと考える。また、放射線に関する基本的な内容については、講義後「理解できた」と答えた

原子力発電についてのイメージ

講義前: 9.7%、37.1%、40.3%、12.9%

講義後: 1.4%、16.9%、39.4%、33.8%、8.5%

放射線に対するイメージ

講義前: 9.7%、25.8%、64.5%

講義後: 2.8%、8.3%、33.3%、36.1%、19.4%

■ 良い　　どちらかといえば良い　　どちらでもない　■ 悪い

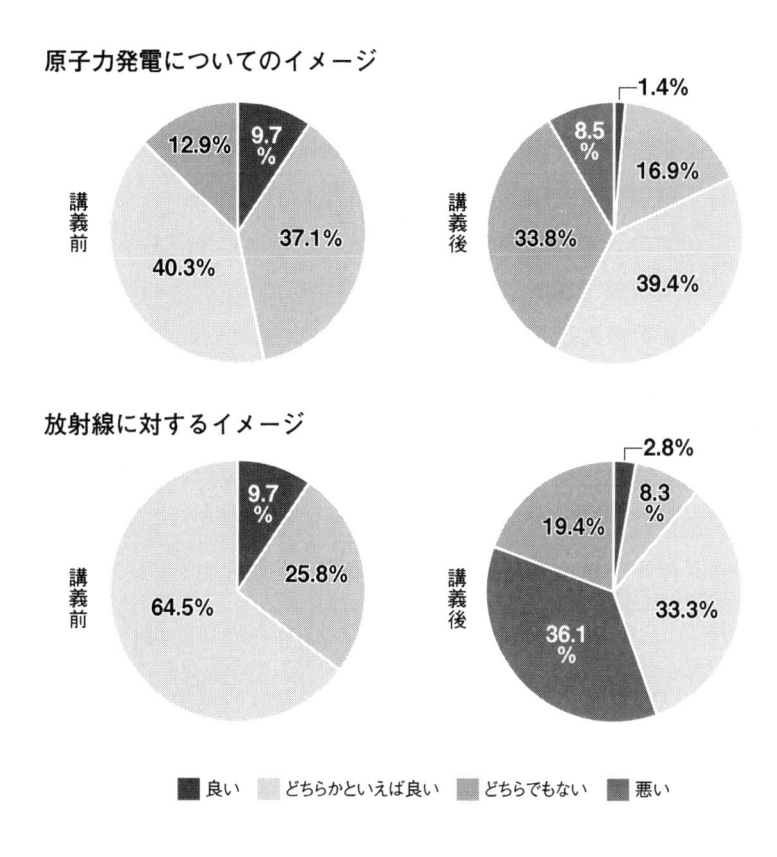

者が倍増していた。多くの地点で放射線の測定が行われていることを知ったことも正しい知識を理解することにつながり、これらのことが、教員になった時に児童生徒に正しい情報等を伝えることができるようになるものと考える。霧箱を使った実験により放射線の飛ぶ軌跡(飛跡)を見ることができたが、実験などを行うことによって放射線に対する意識付けがより強まったものと思われる。

講義後の学生のコメントを紹介する。
「放射線は日常様々な所にあり、生活しているときも放射線を受け

ている。それだけではなく放射線は自分自身の中にもあり、身近にあるものだということを学んだ。また、人間には放射線を分解する能力があるが、一定量を超えてしまうと死に至る可能性がある。私は、放射線は体内に入ると蓄積されると考えていたので、それを聞き驚いた。また、マスクの使用で少しシャットアウトされることも学んだ。原発事故が起き、今一番行わなければならないのは、正しい知識を身に付けることだと思う。ベクレルやシーベルトの違いなども正しく理解しておくことが必要である。そうすれば、偏見により人が傷つくこともないのに。実験では放射線を見ることができ、興味がわいてきた。静電気を少し起こすだけで、放射線があんなに飛ぶなんて考えていなかった。この内容を小・中学生に興味を持たせながら、授業を進めたい。放射線を遮断する実験も、データを見るだけでなく、よく理解することができた」

「今日の講義で放射線について学んだ。私たちが放射線と言う言葉を耳にするようになったのは、福島原発事故からだと思う。この事故から放射線はすごく怖いと思っていたが、しっかりとした知識がなかったので、今日の講義によって知識を増やすことができ良かったと思う。原発事故により、住民が住めなくなる被害や野菜が売れなくなったり、車が入店できなくなったり、汚染されると言っていじめを受けたりしていることが起こっている。このようなことが起こるのは、誤った知識によるものである。今回、この実験によって、放射線の発生や放射線レベルについて学ぶことができた。子どもたちがより正しい知識を学ぶことができるような教材（実験等）を使うことが必要だと感じた」

　正しい知識を理解し、教員になった時には、子どもたちに伝えなければという思いが身についたことがこの講義の意義だと考える。

総合的な学習の目標は、下記の五つの要素から構成されている。

> (1) 横断的・総合的な学習や探究的な学習を通すこと
> (2) 自ら課題を見付け、自ら学び、自ら考え、主体的に判断し、よりよく問題を解決する資質や能力を育成すること
> (3) 学び方やものの考え方を身に付けること
> (4) 問題の解決や探究活動に主体的に、創造的、協同的に取り組む態度を育てること
> (5) 自己の生き方を考えることができるようにすること

　放射線について学んだことを生かし、「放射線の知識」「身体への影響」「世界の原発事故」や「人権」について考える等、横断的、探究的に取り組み、理科・保健体育科・社会科・特別活動（学級活動等）と関連させながら、自己の生き方を考えさせる「総合的な学習」として学ばせることもできるのではないだろうか。
　この稿では、原子力発電所の稼働について言及するのではなく、放射線についての正確な知識の習得を目的に実践したものである。

8
交通事故から子どもを守る

かがやき通り

　以前、筆者が小学校で教頭をしていたときのことである。大企業、大学、高等学校、中学校、小学校が近隣に所在していた。子どもたちが登下校するときに、企業の車通勤、大学の自転車通学が重複するのだ。特に下校時は、急な坂のため、自転車のスピードが増し、危険な状態が見られた。そこで、年間数回、各代表が集まり、危険な状況確認を行ったり、その回避策等を考えたりしていた。そしてできたのが「かがやき通り」である(下の写真)。
　自転車道と歩行者道が柵で仕切られ、ともに横幅が広く保たれている。また、自転車が歩行者道へ進入しないようフェンスが所々に設置されている。

自転車道と歩行者道が柵で仕切られた「かがやき通り」

自動車学校が行う自転車指導

自動車の内輪差

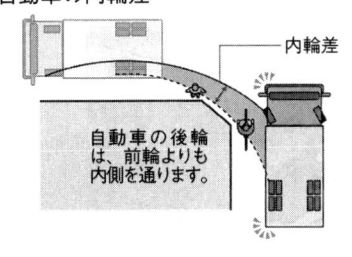

内輪差

自動車の後輪は、前輪よりも内側を通ります。

自動車の死角

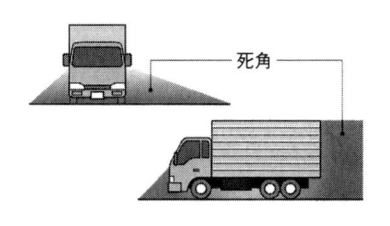

死角

自動車の停止距離

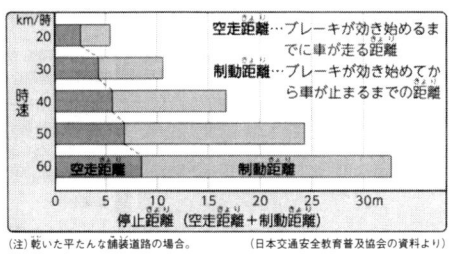

空走距離…ブレーキが効き始めるまでに車が走る距離
制動距離…ブレーキが効き始めてから車が止まるまでの距離

停止距離（空走距離＋制動距離）
（注）乾いた平たんな舗装道路の場合。　（日本交通安全教育普及協会の資料より）

自転車の停止距離

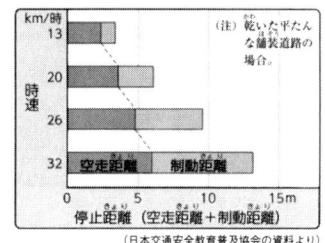

（注）乾いた平たんな舗装道路の場合。

停止距離（空走距離＋制動距離）
（日本交通安全教育普及協会の資料より）

　上の図表は、中学校の教科書（学研）に記載された車両の特性についての内容である。小学校の教科書においても、自動車の内輪差、死角、停止距離について記載されており、繰り返し、学習することとなっている。

　滋賀県東近江市には、中学生を対象にした自転車指導を行う自動車教習所がある。八日市自動車教習所である。教習指導員で日本交通心理学会主任交通心理士でもある谷口嘉男氏が学校に出向いて講義を行っているほか、近隣の中学校については教習所の施設設備を使った指導も行っている。P.72の写真は、教習コースでマイクロバスや自転車により内輪差、死角等について指導員が実演し、生徒たちが観察しているようすである。こうした実体験は、座学のみの場合よりも理解を深めることができるものである。

72　保健編

自動車教習コースでの内輪差による事故の実演

　実習前後に、中学生に対するアンケート調査を実施した。
　P.73上図は、「あなたは、内輪差について知っていますか」について、1回目(実習前)と2回目(実習後)の変化を表したものである。「ある程度知っている」「とても知っている」と答えた生徒は、1回目34.3％から2回目76.1％と2倍以上となり、1回目に50％以上であった「ほとんど知らない」と答えた生徒は2回目には12％と4分の1に減っていた。「内輪差」の理解は高まったと言える。
　下図は、「車道を友達と2列になって走る」ことについて、1回目(実習前)と2回目(実習後)の変化を表したものである。「少し危ないと思う」「とても危ない」と答えた生徒は、1回目80.4％から2回目93.1％に増えていた。中でも、「とても危ないと思う」と答えた生徒は23.1％から48.7％と倍増していた。

アンケート調査

あなたは内輪差について知っていますか

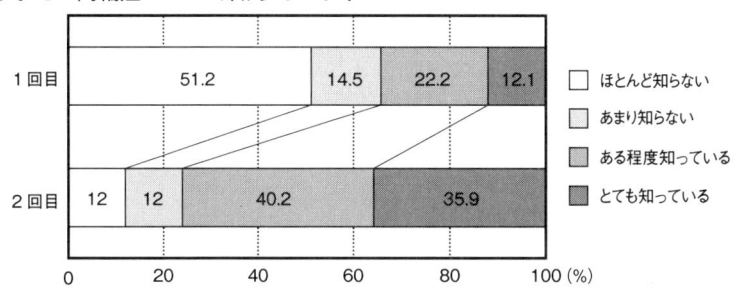

	ほとんど知らない	あまり知らない	ある程度知っている	とても知っている
1回目	51.2	14.5	22.2	12.1
2回目	12	12	40.2	35.9

車道を友達と2列になって走る

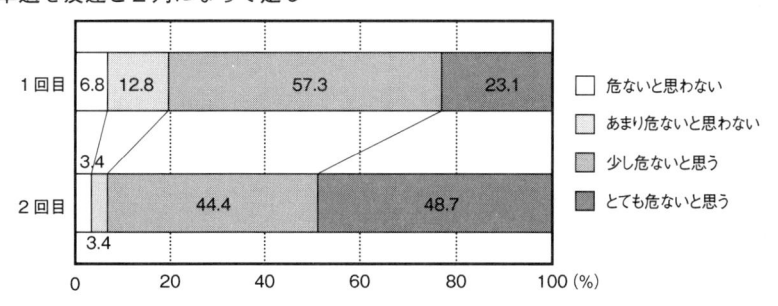

	危ないと思わない	あまり危ないと思わない	少し危ないと思う	とても危ないと思う
1回目	6.8	12.8	57.3	23.1
2回目	3.4	3.4	44.4	48.7

　この2項目の変化は、実習による効果の表れだと言えるだろう。
　地域の交通センターとしてこうした安全教室を実施する自動車教習所の取り組みが、交通事故防止につながることが期待される。

9 生活習慣病

成人病から生活習慣病に

代表的な生活習慣病

病名	症状など
がん	正式には悪性新生物という。特徴は、細胞が無制限に増殖することと、転移すること。肺、胃、肝臓、大腸、乳房などのがんが代表的。
心臓病	虚血性心疾患はその代表で、心筋に栄養と酸素を補給している冠状動脈の硬化がもとになって起こる病気。冠状動脈が詰まり、心筋が壊死するものが心筋梗塞。血液が流れにくくなって胸に痛みなどが生じるものが狭心症。
脳卒中	脳内の血管が破れて出血を起こす脳出血と、脳内の血管が詰まって血流がとだえてしまう脳梗塞などがある。食塩の過剰摂取や飲酒が危険な要因とされている。
脂質異常症	血液中の脂質のうち、中性脂肪やLDL（悪玉）コレステロールが過剰な状態、あるいはHDL（善玉）コレステロールが少ない状態。動脈硬化をもたらす。
糖尿病	インスリンというホルモンの作用不足により、血液中の糖の濃度が高くなってしまう病気。血液中の糖の濃度が高くなると、失明や腎臓の障害、足の壊疽（組織の死）が起きたり、心臓病や脳卒中になりやすくなる。肥満と運動不足が発病に関係する。
歯周病	歯ぐきや歯ぐきの中の骨など、はを支える組織の病気。口がくさい、歯ぐきが出血しやすいなどの症状から始まり、進行すると歯がグラグラになり、最後には抜けてしまう。

ここでは、生活習慣病に相当するものとして、心臓病は虚血性心疾患、糖尿病はインスリン非依存型糖尿病（2型糖尿病）を取り上げている。

　上の表は、高等学校の教科書（大修館書店）に記載されている代表的な生活習慣病である。

　1950年代には成人病として注視されていたが、1990年代以降は、生活習慣病と呼ばれるようになった。これらの病気の発病は若いころからの生活習慣の積み重ねが関連していることが明らかになった

からである。中学校の教科書(学研)では、がんを防ぐための12ヶ条が記載されている(下図)。

がんを防ぐための12ヶ条

① バランスのとれた栄養を
② 変化のある食生活を　いつもこれ
③ 食べすぎを避け、脂肪は控えめに
④ お酒はほどほどに
⑤ たばこは吸わないように
⑥ 適量のビタミンと繊維質のものを多くとる
⑦ 塩辛いものは少なめに、熱いものは冷ましてから
⑧ 焦げた部分は避ける
⑨ かびの生えたものに注意
⑩ 日光に当たりすぎない
⑪ 適度にスポーツを
⑫ 体を清潔に

メタボリックシンドローム(内臓脂肪症候群)

　近年、内臓やその周辺にたまった脂肪が生活習慣病の発症に深くかかわっていることがわかってきた。内臓脂肪の蓄積に加え高血圧・高血糖・脂質異常症のうち二つ以上当てはまる状態をいう。メタボリックシンドロームかどうかは、腹囲(おへそ回り)・血圧等から診断される。

生活習慣病の予防(食事と健康)

　一次予防は、発病事態を防ぐことであり、二次予防は、早期発見・早期治療のことである。ここでは、一次予防の基本的な生活の食事にポイントをしぼって話を進めていくことにする。P.76の図は、2000年に示された食生活の指針である。皆さんもチェックしていただきたい。いかがだろうか？
　近年、栄養摂取補うサプリメント等の健康補助食品や健康の保持

> **食生活指針**
> （文部科学省・厚生労働省・農林水産省，2000年）
>
> - 食事を楽しみましょう。
> - 1日の食事のリズムから、健やかな生活リズムを。
> - 主食・主菜・副菜を基本に、食事のバランスを。
> - ごはんなどの穀類をしっかりと。
> - 野菜・果物・牛乳・乳製品・豆類・魚なども組み合わせて。
> - 食塩・脂肪は控えめに。
> - 適正体重を知り、日々の活動に見あった食事量を。
> - 食文化や地域の産物を生かし、ときには新しい料理も。
> - 調理や保存を上手にして無駄や廃棄を少なく。
> - 自分の食生活を見なおしてみましょう。

増進をめざす健康機能食品が出回っている。これらはあくまでも食事の補助であるため、必要な栄養は日常の食事でとることが大切である。

　2015年4月1日、「機能性表示食品制度」がスタートした。これは、体にどのように良い食品なのかを、国の審査なしに表示できる制度で、政府が成長戦略の一環として導入を決めたものである。野菜や生鮮食品を含む食品全般が対象である。サプリメントや健康食品の届け出を計画している企業も見られる。ただし、この制度は、国が企業からの届け出を受け付けるだけで、その機能について「お墨付き」を与えたわけではない。さらに、この新制度について参考にしたアメリカでは、表示根拠に開示義務がないことから根拠が不明確な商品が出回り、健康を害する消費者や死亡事例も出ているという。健康食品が医薬品のような効能があると誤認を引き起こす恐れがあるような広告配布の中止を命ぜられた企業や、認知症とみら

れる消費者の判断力不足に便乗して契約させる違反行為を行い、業務停止の処分を受けた企業もある。企業は、消費者である人々の安全等に十分配慮し、誠意をもって対応することは必須である。

　日本食品安全協会等の３団体では、アドバイザーを養成している。薬剤師や臨床検査技師、管理栄養士などが健康食品管理士の資格を取り、サプリメント等の相談を受けている。こうした有資格者が全国の保健所やドラッグストアなどに配置され、消費者の相談に応じるシステムができるとよいのではないだろうか。

　我々消費者は、その商品の機能を把握し、購入時にはその効果を事業者に確認したり、上記、有資格者と相談したりして、安全性に注意することが重要だと考える。

10 ラジオ体操

夏休みのラジオ体操

　夏休みの間、家の近くの神社では、子どもたちがラジオ体操をしていた。様子を見に行くと、20人ばかりの子どもたちに、保護者が5名余り。そして、80歳のおばあさんと私。60歳を超えた私の小学生時代、夏休みには、6時半のラジオに合わせて、近くの広場でラジオ体操をしていた。ところが今は、カセットデッキから流れる音楽に合わせて7時から。先ほどのおばあさんに聞くと、「私らの小さいときは、ラジオ体操ってなかったよ」と言われたので、歴史を調べることにした。

ラジオ体操の歴史

1928年（昭和3年11月）	旧ラジオ体操第一「国民保健体操」という名称で制定、NHKで放送
1951年（昭和26年5月）	現在のラジオ体操第一の放送開始
1952年（昭和27年6月）	現在のラジオ体操第二の放送開始

参考：全国ラジオ体操連盟「ラジオ体操の歩み」

おばあさんの言うとおりだ。現在のラジオ体操第二は、まだできていなかった。守谷が1951年5月、谷川が6月生まれだから、彼女は生まれてすぐに、私は、母親のお腹の中で共にラジオ体操をしていたかもしれない。そんなことはないだろうが。現在、ラジオ体操は全国各地でイベントが開催され、また、ラジオやテレビによる放送を通じ、普及促進が図られている。

国民保健体操ポスター　1929年（昭和4）
資料：厚生労働白書

今の子どもたちはラジオ体操が本当にできない。肘が伸びない、胸をそらせられない、体が捻れない等と数えきれないくらいだ。私は、小学校や中学校で保健体育の教員時代に、準備運動としてラジオ体操をしていた。常に前に立っていたので、子どもたちが手や足などを左から動かすように右から動かすのだ。つまり、みんなとは逆方向にしかできない。来年は、前に立ってやってみようかな？なんて。ラジオ体操と体力の低下とは関連があるかもしれないと思わせるような子どもたちだったが、始まる前に遊んだり、喧嘩したりといったことをしていたので、これも大事なことなのかなと少しだけ納得しておいた。

日野町の取り組み

昨年度、滋賀県日野町の取り組みで、5小学校のラジオ体操の巡回指導をした。学校の規模によって、ある学校では、1年生から6

年生までの児童が体育館に全員集まった。ある学校では、児童数が多く高学年だけだったが、第一体操だけではなく、第二体操までしっかりとできていた。地域によってこれほどまでに違うものなのかと思った。時代の流れと一言では片づけられない夏休みのラジオ体操だった。

学校スポーツ指導法

上述のように、ラジオ体操が復活する傾向にあるようだ。私の担当する「学校スポーツ指導法」は、教員を目指す学生が受講する講義である。時代は変わったのだろう。受講する大学生は、第一も第二もほとんどできない。学校ですることもなかったようである。これは大変。講義の一コマとして、ラジオ体操の習得に充てることとした。学生同士で教えあったりするのだが、「指先が伸びない」「肘が曲がったまま」「踵の上げ下げができない」など数えきれないほどの課題が見られた。完璧とまではいかなかったが、少しはできるようになったかな？　左右逆に行うことは、もう少しかかりそうである。

小学校での巡回講習会の様子（左：高学年の講習風景、右：細部への指導風景）

11 生涯スポーツの実践

サッカーの楽しみ・マラソンの喜び

　筆者は、高校時代から始めたサッカー。60歳を超えた今も楽しんでいる。

　2008年度改訂の学習指導要領には、保健体育科の目標として以下のように記されている。

> 　心と体を一体としてとらえ、運動や健康・安全についての理解と運動の合理的な実践を通して、生涯にわたって運動に親しむ資質や能力を育てるとともに健康の保持増進のための実践力の育成と体力の向上を図り、明るく豊かな生活を営む態度を育てる。

　教員を目指す学生は、この目標はしっかり覚えておくこと。

　さて、筆者は、何十年も前から「生涯にわたって運動に親しむ資質や能力を育てる」を実践していると自負している。走れることが生涯スポーツの基本だと考える。特に、走れないとサッカーを継続することはしんどいものである。私はアキレス腱を切ったことがあり、職場では、書類を持ち、走って届ける。また、仕事が終わった夜10時を過ぎてから10kmを走ることもしばしばであった。

　草津市の保健体育課長をしていた時のことである。
「新名神高速道路」が完成し、開通記念として、草津ジャンクションを使ったイベントをしてくれないかとの申し入れがあった。ちょ

うどこの時期は、草津市民駅伝が開催されていたので、「高速道路上を走れるのは今年しかない。こんなチャンスはもうない」と担当者に話し、少し強引にコースを変更し、開催することとなっ

東京マラソン

た。下見に行き、急カーブのバンク（道路の横傾斜。片勾配ともいう）は1mもあると説明を受け、実際、体が斜めになってしまう体験をしたことが今も印象に残っている。そして、大会当日、保健体育課長として挨拶をし、そのあとチームの一員として走ったのである。今は、新名神草津ジャンクションは車でしか走れない。

　走っているうちに、「ハーフマラソンを走ってみよう」という気持ちがわいてきた。さらに、ここまで走れたのだから「フルマラソンに挑戦しよう」と思い立ち、篠山、東京、ホノルルの3回のフルマラソンを経験した。特に、東京マラソンは、快晴で多くの人が声援してくれる中、銀座や浅草を走り抜け、ゴールできたのは最高だった（上の写真：中央柱の横、両手で丸をしているのが筆者）。

　2015年5月3日に、世界33ヶ国、36コースで同時刻にスタートする地球規模のランニングイベント「ウィングス・フォー・ライフ・ワールド・ラン」が一斉に行われる。日本では、滋賀県高島市内の100kmコースで、午後8時にスタートする。レースはランナーのスタート後30分から「キャッチャーカー」と呼ばれる車が走り出し、ランナーを追いかける。車は、時速15kmから徐々にスピードを上げ、追いつかれるとそこがゴールとなるユニークな設定である。こ

のイベントは2014年から始まり、日本での開催は今回が初めてである。レースの参加費はすべて脊髄損傷者の治療法の研究・開発に役立てるというものだ。今年は、残念ながら日程が合わず参加できなかったが、地元開催でもあるので、来年こそはぜひとも挑戦してみたい。皆さんも参加してみませんか。

　サッカーにはいくつかの楽しみがある。チームメイトとの交流や全国の多くの仲間との出会いが、その一つである。「スポレク祭」は、交流がメインの祭典で何回も参加させていただいた。開催地特有のおいしい料理やお酒（私は少量しか飲めないが、それが楽しみで参加する人もいたようである）をいただくことができた。滋賀県チームは、大型バスで移動することがほとんどだったため、大型免許を取得したものが選手として選考される近道（？）でもあった。50代の生涯スポーツの大会である「スポレク祭」がなくなり、スポーツの継続が途切れはしないかが気がかりでもある。

　筆者が50歳の時、日本サッカー協会主催の年齢別大会が行われるようになった。関西代表となり、例のごとく大型バスに乗り、夜10時に山形県鶴岡市に向けて出発。翌朝7時に到着し、お風呂に入り、午後に試合。地域予選を勝ち抜いてきた4チームの総当たりリーグ戦に全勝し、ブロック優勝。新潟の日本海の夕焼けを見ながら、カラオケを歌い続け、意気揚々と滋賀まで帰ってきたことが印象に残っている。前述のとおり現在は「スポレク祭」もなくなってしまい、残念に思っている。私が、サッカーを続けてこられたのは「スポレク祭」という仲間と交流できる機会があったからだと思っている。生涯にわたって続けられる条件が必要だと思う。

　他の競技はどうなのだろうか。また、各年代に目標となる交流大会があると良いのだが。

全国健康福祉祭（愛称：ねんりんピック）

　ここ３年間、全国健康福祉祭（愛称：ねんりんピック）に出場している。「ねんりんピック」については、P.85に説明している。私は、ラッキーなことに年齢の区切りに、常に新たな大会ができるなどして生涯にわたってスポーツが続けられている。３年前、仙台での「ねんりんピック」に初参加し、滋賀県は初優勝した。重みのある立派な金メダルをいただいた（下の写真）（ついでに翌年の高知大会でも連続優勝）。仙台では、サッカーに参加した全国の選手800名にアンケート調査を行った。「サッカーの活動頻度」は、「週１〜２回」と答えた人が３分の２であった。「ほぼ毎日」と答えた人も３％いた。個人差もあるが、疲れや体に支障が出ないためにも週１〜２回くらいが適切だと考える。「サッカーを続けることができた理由」は、90％の人が「楽しいから」であった。次に多かったのは、「仲間ができたから」で、３分の２の人が答えていた。サッカーの特性である団体競技では、チームメイトはもちろん対戦チームとの仲間意識が深まりやすいのかもしれない。「その他」と答えた中には、「家族の支えがあったから」が多く見られた。また、「孫とサッカーをして遊ぶため」も挙げられていた。そのうち、私も、孫にサッカーをして遊んでもらっているかも？　「健康または楽しむための運動実施状況」は、９割の人がほぼ毎日と答えていた。その運動種目については、「ウォーキング」が43％で最も多

ねんりんピックの金メダルをかける著者

く、次いで「ジョギング」が36％であった。そして、継続でできた理由として、「楽しい」「仲間」を挙げていた。ところで、私の楽しみの一つである「ゴルフ」は18％であった。

全国健康福祉祭（愛称：ねんりんピック）

> 全国健康福祉祭（愛称：ねんりんピック）は、スポーツや文化種目の交流大会を始め、健康や福祉に関する多彩なイベントを通じ、高齢者を中心とする国民の健康保持・増進、社会参加、生きがいの高揚を図り、ふれあいと活力ある長寿社会の形成に寄与するため、厚生省創立50周年に当たる1988（昭和63）年から毎年開催している。厚生労働省・開催都道府県（政令指定都市）・一般財団法人長寿社会開発センターの3者共催により開催され、主な参加者は60歳以上であるが、小さなお子様から高齢者の方まで幅広い世代の者が楽しめるイベントも多数開催されている。大会期間中に開催される主なイベントは次のとおりである。
>
> **（1）健康関連イベント**
>
> テニス、サッカーやマラソンなどのスポーツ交流大会やニュースポーツの紹介、健康フェアなどが開催される。
>
> **（2）福祉・生きがい関連イベント**
>
> 囲碁や将棋などの文化交流大会や地域文化の伝承活動や生きがいづくりなどの活動を行う老人クラブ連合会等の代表者による実演や展示を行う地域文化伝承館などの文化イベントが開催される。
>
> **（3）健康、福祉・生きがい共通イベント**
>
> 健康、福祉・生きがいに関する多彩なイベントや最新の健康・福祉機器等の展示の展示を行うとともに、世代間・地域間交流をはかる音楽文化祭などが開催される。

ボウリングのような競技「PISTA DE BOTXES」

サグラダファミリア

「PISTA DE BOTXES」のピン

　このねんりんピックには、ユニークな種目がある。「健康マージャン」である。「何が健康？」それは、「吸わない(タバコ)」「飲まない(お酒)」「賭けない」だそうだ。
　本大会へは予選があり、勝ち上がった選手が代表となるのである。
　上の左の写真は、スペイン・バルセロナのサグラダファミリアである。この観光名所のすぐそばで、高齢者が楽しんでいる姿があった。一つは、日本でもよく目にする「ペタンク」である。もう一つは、「PISTA DE BOTXES」(写真右)。ボウリングのピンのようなもの(長さおよそ40cm)を6本並べ、そして、7mくらい離れたところから、転がすのではなく、空中に投げ、このピンを倒すというものである。世界共通の遊びと各国独自の遊びがあり、世界のどこでも高齢者が楽しんでいるのだなと思った。

ゴルフとの出会い

　私のゴルフとの出会いは、26歳の時で、職場の先輩からフルセットを手渡されたからである。先輩から「今日は練習に行くぞ」と連れられ、打ちっぱなしに。アイアンがうまく当たり、面白いというのが印象であった。でも、どのスポーツでも同じだと思うが、ゴルフはすればするほど奥が深く、うまくいったかと思うと次の練習日では全然うまくいかない。そんなことの繰り返しであった。「今日は練習に行くぞ」と言われても、「今日は嫌だな」と思うこともしばしばであった。それでも、ラウンドすることは楽しかった。ウッド（今の道具とは比べ物にならないくらいヘッドが小さく、今思うと、よく打っていたなと思う）がうまく当たらず、アイアンばかりを使って回っていた。それから、36年。多くの友人ができ、ゴルフをしていてよかったなと思っている。

　紫香楽カントリークラブの協力のもとにアンケート調査を行ったところ、ゴルフを始めた年齢は、23〜30歳が最も多く56％であった。次いで、31〜40歳(20％)、22歳以前(18％)、41歳以上(6％)で、私と同じ20代に始める人が最も多かった。ゴルフを始めたきっかけは、友人に誘われて(62％)、仕事の事情(15％)、健康・ダイエットのため、恋人がやっていたが5％などであった。ゴルフの魅力について尋ねたところ、ストレスが発散できる、多人数で楽しめる、難しいから楽しい、楽しく体を動かせる、人との関わりを持てる、上手くいった時の喜びが最高である、健康のために適度な運動である、ゴルフはハンディがあるので老若男女が一緒になって楽しめるといった回答であった。

　「老若男女が楽しめる」ゴルフであるが、私には偉大な先輩がたく

さんおられる。お二人を紹介しよう。

エイジシュート

　まずは、エイジシュート７回達成者である（エイジシュートとは、自分の年齢と同じ、または、それよりも少ないスコアでラウンドすることである）。私は64歳になったばかりである。ということは、64でラウンドしなければならないことになる（ちなみにベストスコアは68である）。私より25歳年上の木村三郎さん88歳で、初めての出会いは2006年である。当時、80歳間近の木村さんにティーショットでオーバードライブ（遠くへ飛ばすこと）されてしまったのだ。力強いスイングで次々とナイスショット。すごい人がいるものだと感心した。話を聞くと、ゴルフを始めたのは55歳からで、指導者の方針で、練習場でみっちりと指導を受け、初ラウンドまで２年間を要したということである。「もう少し練習してからラウンドしてよ」といったゴルファーが多い中、改めて基本をしっかりすることの大切さを教えられたものである。年間１〜２回一緒にラウンドするのだが、残念ながらエイジシュートに立ち会ったことはない。85歳を超えたあたりから、

エイジシュート達成メダルを持つ
木村三郎さんと筆者（2014年10月）

２人がホールインワンを達成した
15番ホールの記念植樹前で（2015年3月）

飛距離が徐々に落ちてきている。「アプローチやパットでカバーできるとよいのだが」と応援している。前回のラウンド時に、記念のメダルを持参していただき、記念撮影をしていただいた。88歳を超えても自分で車を運転してゴルフ場へ。ご長男とは時々出会う機会があるが、「車の運転だけは注意して」が二人の共通の願いである。

口癖である「生涯10回のエイジシュート」。木村さんには目標に向けてまだまだ頑張ってほしいと思うと同時に、私の目標とするゴルファーでもある。この本が出版されるときにはエイジシュート10回が達成されているかも⁉

年間のラウンド数は

日本の年代別の60代シニアの年間平均ラウンド数は、24回以上が40％と年代別での比較では最も高い割合を示していた。つまり、月2回のペースでラウンドしていると考えてもよいだろう。

ところが、私が会員となっている比良ゴルフ倶楽部にはもっとすごい人がいる。湯本茂登久さん、83歳である。1989年から比良ゴルフ倶楽部でのラウンドがスタートし、2012年10月14日に同コースでの2,000ラウンドを達成されたのである。2014年には127ラウンドをこなされ、すでに2,279ラウンドと着実に更新中である。今の目標は2,500ラウンド。車のナンバーも「25-00」に変え、照準を合わせておられるということである。127ラウンドといえば、3日に1回は芝生の上におられたことになる。もっとすごいのは1984年のアメリカでの182.5ラウンド。この時は「うるう年」であったため、「2日に1回のラウンドに0.5ラウンド足りず残念」と悔しがっておられた。

さて、湯本さんのゴルフのスタートは、今から55年前の1960年

で、本格的に始めたのは1966年にアメリカへ出向してからということである。アメリカでの20年余りの生活で2,000ラウンドをクリアしたというから、日米合わせて4,000ラウンドを超えたことになる。1988年に一時帰国し、比良ゴルフ倶楽部を紹介され、即刻メンバーに。そして、1991年の定年退職を機にアメリカへの帰国を断念し、現在は、比良ゴルフ倶楽部の近くへ生活の拠点を移したというから、ゴルフが生活の一部ではなく正に中心になっているといえる。

　ここまでできるのは「すごく頑強な人では？」と思われるだろうが、それが意外なことに小柄な体つきなのである。そして、お連れ合いの協力はもちろんのこと、三つの幸運に恵まれたというのである。まず、気のあったパートナーと巡り合い週3回のプレーができたことである。次に、5年前に医者から「このままタバコを吸い続けたら必ず肺気腫になり、ゴルフどころではなくなる」と忠告され、60年間吸い続けたタバコをやめることができたというのである。最後に、クラブのスタッフやキャディの皆さんに温かく迎えられ、クラブへの愛着心をもつことができたというのである。このように、多くの人から慕われ、精神的にも肉体的にも健康に保てたことによって達成できたことなのだろうと思う。15番ホールでの記念写真（P.88右の写真）も仲間やキャディさん、それに売店のお嬢さん（？）も一緒である。私の持論は「ゴルフは、4人がほぼ1日一緒に行動するので、自分だけではなく他の3人への気配りが大切」である。先日初めてご一緒させていただいたが、なるほど仲間が多いはずだと感じたものである。

　湯本さんは、1999年10月20日に比良ゴルフ倶楽部の15番ホールでホールインワンを達成しておられ、もう一度、比良でのホールインワン達成とエイジシュートを目標にしていると言う。二つの目標の

達成に立ち会うことができれば、こんな幸運なことはないだろう。
　ところで、驚いたことに、私も、1999年に同じ15ホールでホールインワンを達成しているのだ。私が達成したのは3月8日である。ホールインワンだけは、私が先輩なのである⁉

12 子どもの運動について

「1,000」を考える

「千日回峰行」とは、天台宗の中でも最も過酷とされるもので、比叡山の山・谷を毎日数十キロ巡り、塔堂、石像や草木全てに礼拝するものである。1,000日かけて歩く距離は地球1周分に相当し、しかも、1日として休むことが許されない厳しいものである。

この千日回峰を2回も達成された方がおられる。先日お亡くなりになったのだが「酒井雄哉さん」である。1回目の行を達成された後に、お話を聞く機会があった。小柄でその話しぶりは、優しく、穏やかなものであった。その酒井さんの言葉に「無理せず 急がず はみださず りきまず ひがまず いばらない」がある。私は、何事にも「急がない。待つゆとり」をモットーとしている。そして、小・中学校での教員としても、結果を急がずに、子どもそれぞれのペースを大切にしようと心掛けてきた。今年の大学の卒業アルバムでの私の贈る言葉も「無理せず 急がず マイペース」である。「石の上にも三年」「三つ子の魂百まで」ということわざがある。3年、三つ子(3歳)。すなわちほぼ1,000日と考えられる。つまり、「1,000」とは、生きることと関連する大切な数字なのかも。

「待つ」ゆとりと個人差を考える

ところで、教員時代に「待つ」ことの大切さを教えられた授業が

ある。小学校の教員になってすぐの国語の研究会の時である。外部から先生が来られて、「作文のテーマを考えよう」が目標であった。授業が始まって子どもたちは、なかなか手をあげない。意見を言わない。言えない？　シーンとした時間が続く。でも先生は困った様子でもない。20分くらい経っただろうか。その後はどんどん手をあげ自分の思いを言い始めだしたのだ。この20分、子どもたちは自分の考えを整理していたのだろう。先生の急がせる声もなくじっくりと考えることができたのだろう。この授業から「待つ」ことの大切さを学ぶことができた。

　この授業からはもう一つ学んだことがある。早くに手をあげ意見を言いたそうにする子どもがいた。「みんな考えているのでもう少し待ってね」と穏やかにおっしゃった。それは、「個人差」を大切にした対応だと感じた。「個人差」を大切にすることは、スポーツやその他のこと全てにあてはまることだと思うのだが。ところで、先日、教員となったゼミ卒業生の結婚式に出席した。机の上には、小さな手紙が添えられていた。「これから関わっていく子どもは、君らが歩んできた人生とは全く違う人生を歩んでいく。決して自分の価値観を子どもに押し付けないように……先生が卒業式に言った言葉を今でもよく覚えています。そしてこれからも大事にしていきたいと思います」と書かれていた。隣にいたT君も「僕も覚えている」（これはちょっと怪しいけれど）この手紙。私に、今一度考えさせてくれるものであった。

子どもの運動を考える

　人間の脳は20歳を100とすると、3歳ですでに75％に達するといわれている。さらに10歳では100％に近付いている。P.94のグラフ

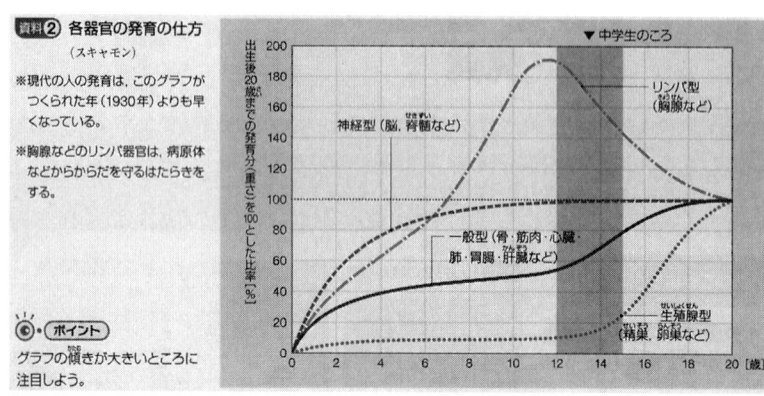

各器官の発育の仕方
引用：中学校の教科書　新しい保健体育：東京書籍

　は、中学校の教科書にある「スキャモンの発育曲線」である。
　子どもの運動について、脳の発育すなわち神経系の発育を考えるなら、巧みさを身につけさせる指導が重要だと考える。私は、スポーツ少年団の指導者に「子どものことを考えるなら、目の前の結果より将来の成果を。あるいは生涯スポーツを楽しむ習慣がつくとよいのだが」とお話ししたことがある。ところがどうだろう。勝利のみを追求する指導者の多いこと。どれほどの子どもたちがその才能を摘み取られているのだろうか。
　ところで、スポーツ少年団活動って？
　日本スポーツ少年団　団員綱領は以下の5項目である。

　1　わたくしたちは、スポーツをとおして健康なからだと心を養います
　1　わたくしたちは、ルールを守り、他人に迷惑をかけない、りっぱな人間になります
　1　わたくしたちは、スポーツによって、自分の力を伸ばす努力をします

> 1　わたくしたちは、スポーツのよろこびを学び、友情と協力を大切にします
> 1　わたくしたちは、スポーツをとおして世界中の友だちと力を合わせ、平和な世界をつくります

次に、日本スポーツ少年団　指導者綱領は以下のとおりである。

> 1　わたくしたちは、次の時代を担う子どもたちの健全育成のために努力します
> 1　わたくしたちは、スポーツのもつ教育的役割を果たすために努力します
> 1　わたくしたちは、子どもたちのもつ無限の可能性を開発するために努力をします
> 1　わたくしたちは、つねに愛情と英知をもって子どもたちと行動するよう努力します
> 1　わたくしたちは、スポーツを愛する仲間とともに世界の平和を築くために努力します

　日本スポーツ少年団に入っている子どもたちは、74万人を超えている。19万5,000人を超える指導者が（2015年1月現在）この綱領を今一度読み直していただけるとありがたいものである。
　ところでスポーツ少年団の事業について、滋賀県の取り組みをもとに紹介することにする。子どもたちにとって最も大きな事業は、スポーツ少年大会である。夏季休業中に2泊3日の日程で開催され、講義を聴いたり、レクリエーションをして交流を深めたりするものである。近畿スポーツ少年大会も全国スポーツ少年大会も同時期に開催されている。
　県内では、11月にも連休を活用し、ジュニア・リーダースクール

が開催されている。また、競技別交流大会も9競技において、県大会が、近畿大会・全国大会は5競技において開催されている。国際交流活動も、例年、日独スポーツ少年団同時交流（派遣および受入事業）が開催され交流活動が盛んに行われている。

　指導者の研修も、県内、近畿ブロック、全国において開催されているので、参加すると良いのではないだろうか。

13
RICE処置とアキレス腱断裂・捻挫

アキレス腱断裂

　11章「生涯スポーツの実践」(P.81～)でも述べたが、私は、高校から始めたサッカーを今も続けている。しかし、35歳の時だった。
　チャンス！　シュート！　私の気持ちはゴ────ル。その時、「プチッ」という音。「誰や、踵を蹴ったのは」しかし、近くには誰もいない。自分で勝手に倒れていたのだ。これがアキレス腱を切った時の状況で、今も鮮明に覚えている。三重県での遠征試合の第1試合が始まって10分くらいの出来事である。私にとってラッキーだったのは、同じチームに外科の先生がいたことだ。先生に添え木で固定してもらい、氷をもらって冷やし、足を挙げて、試合が終わる4時過ぎまで一人、車の中で静かに待っていた。これが、私のRICE処置の初体験である。翌日、車を運転し、入院。手術をしてもらった。そして、医師に言われた。「普通、アキレス腱を切った人は足が腫れ、2、3日たってからでないと手術ができないのだけれど、翌日にできたのはあまり例がないですよ」試合当日の外科の先生のお蔭である。そして、今も元気に走り回っている。

RICE処置

　ケガの応急手当として、RICE処置がある。中学校や高等学校の教科書にも出ている。小学校では、「冷やした後は動かさないで、

探究 けがの応急手当と再発予防　関連ページp.130〜131

けがの応急手当として行われるRICE（ライス）処置や，けがの再発防止や予防に活用できるテーピングについて調べてみましょう。

●RICE処置について知ろう

- **Rest（安静）**：悪化させないために，できるだけ動かさない。
- **Ice（冷却）**：毛細血管を収縮させ，内出血を最小限に抑える。
- **Compression（圧迫）**：内出血を抑え，切れたじん帯を元の状態近くに戻す。
- **Elevation（挙上）**：患部への血流を抑える。

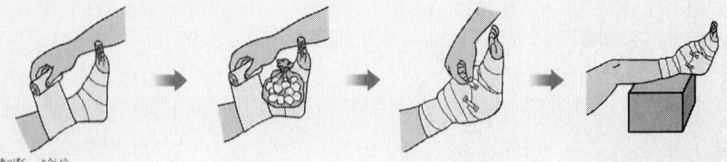

圧迫と凍傷防止のために，伸縮包帯を何重か巻く。（C）→ 氷のうを当てる。（I）→ 氷のうの上からしっかり巻き付けて固定する。（C）→ 患部を心臓より高く上げて，安静に保つ。（R,E）

けがの応急手当と再発予防　引用：中学保健体育：学研

静かにしている」と記載されている。では、RICE処置について、中学校の教科書に記載されている内容をご覧いただきたい。

　中学校の教員時代にこんな経験をした。静岡県へサッカー部員を連れて2泊3日の遠征試合に行った。試合開始前のウオーミングアップの時に生徒が足首を捻挫してしまった。足は見る間にパンパンに腫れてきた。氷で冷やし、すぐに医者のもとに連れて行き、診察してもらった。そして、新幹線で家に帰るように言った。しかし、本人は「せっかく来たのだから見学だけでもよいので帰らない」と言うのだ。仕方がないので、氷でしっかり冷やすように伝えた。そして、最終日、「先生、足が治りました。試合に出してください」と言ってきたのだ。「無理をするなよ」といっても「大丈夫、できます」と言う。足の腫れはひき、普段とおりに走っているではないか。こうして、試合に出場したのである。この時に、改めて、ICE（冷やす）やREST（安静）の大切さを体験し、驚嘆した。

　最後に、アキレス腱断裂や捻挫をするなら左足を！　私は、左足

のアキレス腱断裂だったので、オートマチック車を運転して一人で入院し、手術を受けた。家族へのわずかばかりの負担軽減策（？）である。

心肺蘇生法

11章「生涯スポーツの実践」(P.81～)でサッカーを継続していると述べたが、サッカー仲間が、試合中に倒れ、亡くなるという悲しい思いをしたことがある。現場にいたわけではないのだが、「AEDがあれば」とクラブで購入した経緯がある。近年は、駅、公共施設、学校やスポーツ施設等に設置されている(下図)が、AEDが近くにない場合は心肺蘇生法を行う必要がある。呼吸が止まっている場合は、まず、胸骨圧迫である。人工呼吸ができる場合は、胸骨圧迫を30回続けた後、気道確保をし、人工呼吸を2回行う。心肺蘇生

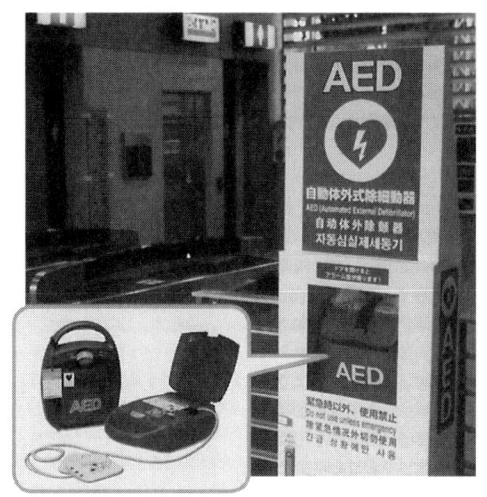

AED（自動体外式除細動器）
突然心臓が止まった人に電気ショックを与え、心臓の拍動を正常に戻す機器

法やAEDの使い方については、毎年、講習を受けることが重要である。学校では毎年1回の講習を行っていたが、なかなかスッとはできないものだ。いざという時の対応できるには何度も講習をしておくことが重要である。胸骨圧迫と人工呼吸の方法については、中学校や高等学校の教科書にも記載されている。下の高等学校の教科書の資料をご参考に！

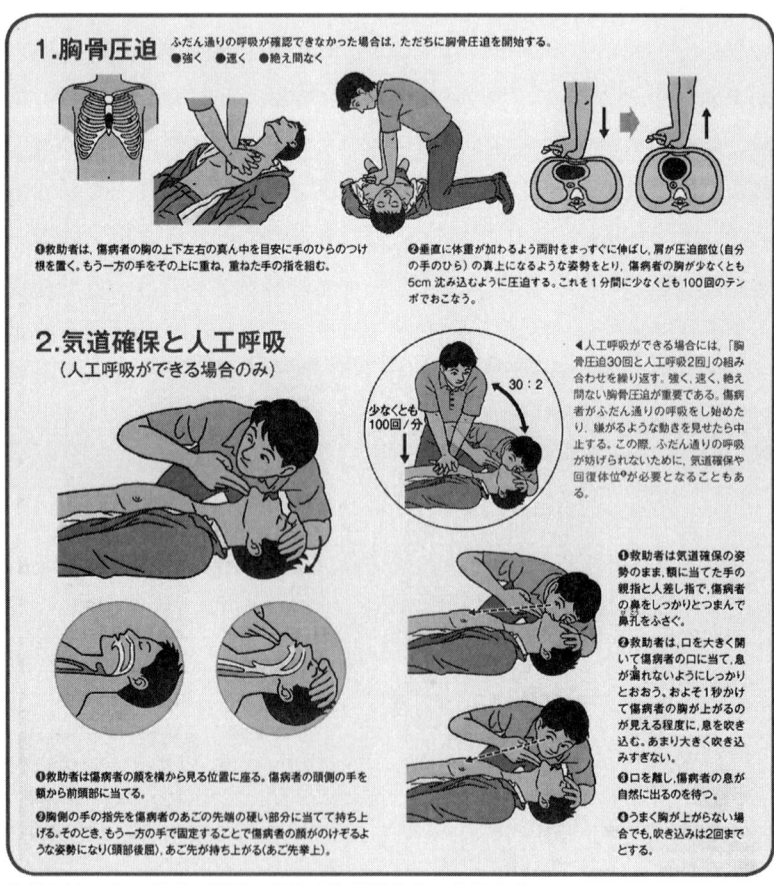

胸骨圧迫と人工呼吸　引用：現代高等保健体育：大修書店

14
体力テスト

投能力について

　下図は、1986年から2010年までの、児童の体力の変動を表したものである。

　50m走の1986年から2010年の変化を見ると、男子は9秒05から9秒25と少し遅くなっているが、1998年から22年の変化ではやや向上している。女子は9秒25から9秒52とこれまた遅くなっているが、近年では横ばいである。次に、ソフトボール投げの1986年から2010年の変化は、男子では、29.2mから26mと3m以上減少している。女子は、18mから15mと、やはり3m減少している。これらの結果から、投能力の減少が大きいと考えられる。

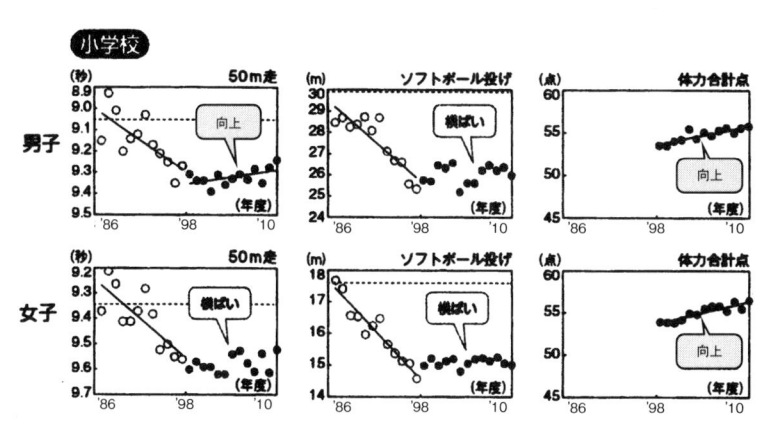

10歳の男女別走投の体力（'86年〜'10年度）の変化

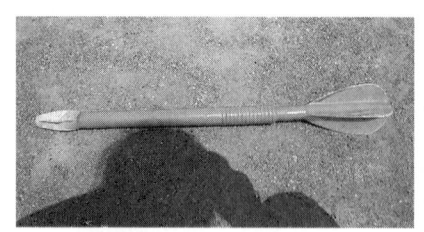

102　体育編

ドイツ製の器具「ジャベリック」 　　斜度をつけたスローイング器具

ストラックアウト 　　的当て

　私の小学生の頃は、運動といえば野球であった。町内の広場で野球をし、外野手は私鉄の線路上で、たまに電車を止めたり、ガラスを割ってよく叱られたりした。また、都市対抗野球の名門であった企業のグラウンドに行き、トスバッティングの手伝いをし、ボールをもらったり、夏休みになれば朝早くからそのグラウンドに潜り込み、野球の練習をしたりしたものである。このように、自然と投能力が育つ環境にいたのである。
　でも、今は環境が全く異なっている。キャッチボールするスペースすら見つからない。滋賀県では、体力の低下への対応として「10分間運動の推進」を計画している。
　私は、T市の小学校から依頼を受け、取り組みを推進する機会を得ることとなった。そこで、特に、投運動に着目し、日常的に実践できる環境を整えることを提言した。

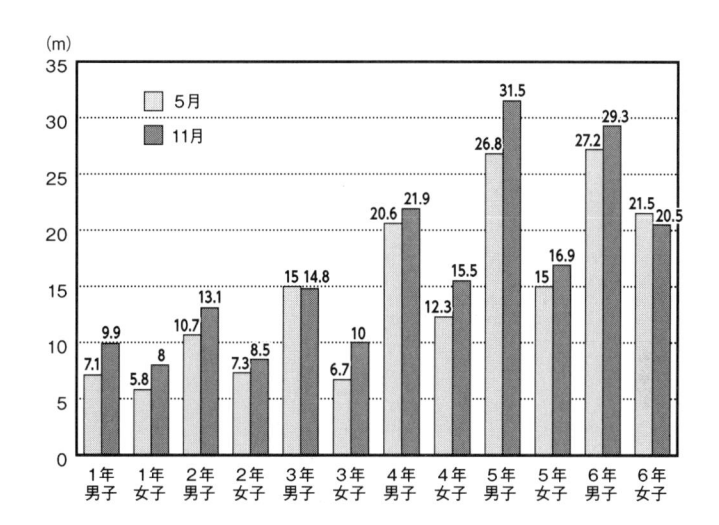

ソフトボール投げ　K小学校　5月と11月の新体力テスト　結果比較

　ドイツ製の器具「ジャベリック」、中庭に設置された斜度をつけたスローイング器具、的当て、ストラックアウトなど（P.102写真）、半年間設置し、自由に利用することができるような環境を設定した。
　上のグラフは、5月と11月の体力テストの結果を比較したものである。3年男子と6年女子を除いて各学年の男女において記録が伸びている。環境を整備し、子どもたちがそれらの器具を使って運動すれば、投能力は向上することがわかった。

20mシャトルラン

　体力テストといえば全身持久性を見る種目として「20mシャトルラン」がある。以前は、全身持久性を見る種目として「踏み台昇降」が取り入れられていた。これに変わって1999年より20mシャトルランが導入された。筆者は2001年に小学生を対象にデータを取

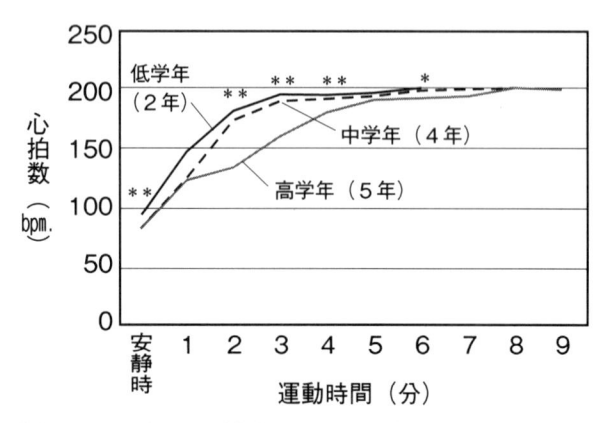

250
200
150
100
50
0

心拍数（bpm.）

低学年（2年）
中学年（4年）
高学年（5年）

安静時 1 2 3 4 5 6 7 8 9
運動時間（分）

学年別平均心拍数変動（安静時から運動時）

り、その妥当性について述べている（上のグラフ参照）。

　グラフは、20ｍシャトルラン測定時の心拍数の変動を学年別に表したものである。

　人間の最高心拍数は、(220－年齢)である。つまり児童たちは200を超え、走り続けているのである。このように、児童生徒は懸命に続けようとがんばります。そんな時、あなたならどんな声掛けをしますか？

参考文献：文部科学省「子どもの体力向上のための取組ハンドブック」

15 生涯スポーツ大会の運営

日本スポーツマスターズ

　今から８年前、滋賀県では25年ぶりの開催となる全国大会「日本スポーツマスターズ2007」が開催されることとなり、私は準備室の室長としてその大会の運営にあたることとなった。「日本スポーツマスターズ」とは、「まだまだアスリート」をキャッチフレーズとする競技志向の高いシニア世代を対象にしたスポーツの祭典である。
　滋賀県での開催にあたり、三つのスローガンを掲げた。自然環境豊かな琵琶湖にふれながら、ライフステージに応じた自らのスポーツをきわめる」大会。「する」「見る」「ささえる」人が「交流する」中で夢と感動を与え合う大会。自らが身体を動かすことの楽しさを知ることによって豊かなスポーツ文化の発展をめざす「マスターズムーブメント」を全国に発信することであった。
　大会には、全国から過去最大の7,308人の参加があった。滋賀県も602人が出場し、優勝者を出すなど多種目で健闘した。また、大会中２万人を超える声援を得、延べ1,839人のスポーツボランティアの協力をいただくなど正に「交流する」大会にすることができた。
　この大会は、正式競技13種目（水泳、サッカー、テニス、バレーボール、バスケットボール、自転車競技、ソフトテニス、軟式野球、ソフトボール、バドミントン、空手道、ボウリング、ゴルフ）である。

高島市の協力により初のロード開催となった自転車競技（左）とボウリング競技（右）

　その他に、プレイベントや協賛事業を開催した。お気づきのお方もおられるかもしれないが、上述した13種目の中には陸上競技が入っていないのである。知事から「陸上競技は入れられないのか。滋賀県の特徴ある競技はできないのか」と難題（？）を言われ、「夢高原かっとび伊吹」をプレイベントとして協力していただくこととなった。このイベントは、麓から1,377mの伊吹山頂上まで一気に駆け上がるものである。私もお礼を込めて参加することとした。スタート前、「体調が悪くなれば、勇気ある撤退を！」と繰り返し放送されていた。2時間12分をかけて、頂上までたどり着くことができた。優勝者は、1時間もかからずに駆け上がるというから驚きである。ところで、「勇気ある撤退」の放送はなぜ？と尋ねたところ、「昨年の大会でお一人亡くなられたのです」とのこと。何も知らずに挑戦し、その後も2年間続けて参加した。さらに、協賛事業として「ハーフマラソン」にお願いしようとしたが、9月開催のためなかなか良い返事をいただけなかった。しかし、例年11月下旬開催の栗東ハーフマラソンを繰り上げ、開催していただくこととなっ

た。栗東ハーフマラソンにも久しぶりに挑戦することにした(このことがきっかけで、再度フルマラソンに挑戦することとなり、東京マラソン、ホノルルマラソンを完走することになった)。

さて、大会当日の天候は真夏の太陽が照りつけ暑い日となった。熱中症により救急車で運ばれる人も出て大変な一日となったのである。また、琵琶湖上を活用したボートやカヌー、セーリングも開催することができ、滋賀県ならではの大会とすることができたのである。

スポーツ・レクリエーション祭・日韓スポーツ交流事業

翌2008年には、全国スポーツ・レクリエーション祭が滋賀県で開催された(残念ながらこの大会は、2011年の24回大会を最後に幕を閉じた)。併せて日韓スポーツ交流事業が行われていた。韓国選手団(本部役員7名、選手185名)を受け入れ、日本全国の選手たちと11競技(陸上競技、テニス、サッカー、ソフトバレーボール、ソフトテニス、バドミントン、

韓国での日韓交流イベント

韓国での全国国民生活体育大祝典の選手入場

綱引きの熱戦

サッカー：韓国と滋賀県の試合前の挨拶

卓球、ボウリング、ゲートボール、綱引、エアロビック）で試合をし、交流するものである。それより5ヶ月前の5月には、滋賀県を中心とした日本選手団が韓国大邱(テグ)での「2008全国国民生活体育大祝典」に派遣された。私も日本選手団の本部役員として参加した（P.107左の写真中央が筆者）。開会式では、13市が入場行進をしたのだが、選手団からは花火を打ち上げ、紙吹雪を巻くなどの工夫をしながらの入場であったが、共通していたのは各選手団の先頭はすべて車いすの選手であったことだ（P.107右写真）。日本では見られない光景である。ところで、この会場は2009世界陸上が開催された陸上競技場である。あれほどの紙吹雪、翌日は見事なまでに美しい競技場になっていた。

滋賀県での交流事業はスポレク祭と併せて10月に開催された。

11競技の試合や技術交流はもちろん、夜は文化、歌などの全体交換会や競技別にも行われ日韓の輪がさらに広がりを見せた。この事業は例年日本各地で実施されている。

日韓スポーツ交流事業は、その他にも、青少年夏季スポーツ交

流、冬季交流も派遣および受け入れが実施され、若者から中高齢者に至る交流が着実に拡大している。

> **日韓スポーツ交流事業**
>
> 　2002年サッカーワールドカップ大会の日韓両国の共同開催決定を機に、幅広い年齢層を対象に各種のスポーツ交流を実施することによって、日韓両国の親善と友好をより一層深め、さらには両国のスポーツの振興を図ることを目的として開催されている。

16 オリンピック、パラリンピック

オリンピックの目的

　2015年3月15日、陸上競技の競歩で鈴木雄介選手が世界記録を出した。陸上競技での世界記録は、2001年の女子マラソンの高橋尚子さん、男子では1965年のマラソン重松森雄さん以来50年ぶりとなる。2020年の東京オリンピックでの活躍を応援したいものである。ところで、マラソンといえば、1964年（谷川は中学1年生であった）の東京オリンピックの円谷幸吉さんが印象に残っている。円谷さんはスタジアムの中でイギリスのヒートリー選手に抜かれたのだが、首を振りながら、銅メダルを獲得した。その後、彼は、27歳の若さで、「もうすっかり疲れ切ってしまって走れません」と言って自殺し、大きなショックを受けたことも忘れることのできない出来事であった。

　マラソンの男子の世界記録が2時間2分57秒、女子が2時間15分25秒である（2015年5月現在）。1964年東京オリンピックでの優勝記録が2時間12分11秒（当時の世界新記録）であり、10分近く更新されている。さて、56年後になる東京での記録はどうだろうか。2時間を切るようなとてつもない大記録が生まれるのだろうか。

　ところで、私の記録は、篠山マラソンでの4時間26分26秒である。この自己記録は、決して更新されることはない。

　2015年3月28日には、100m走において、桐生祥秀選手（滋賀県出

身)が、3.3mの追い風参考ながら、9秒87を記録した。記録が公認される最も強い追い風2.0mに換算しても、9秒9台が出たのではないかと想定されている。日本人夢の9秒台を期待したいものだ(2015年8月22日 世界選手権が北京で開催)。また、2020年の東京オリンピックでは9秒台での優勝を!

　同年4月に行われた水泳の日本選手権では、萩野公介選手と渡部香生子選手が4冠を達成した。7月にロシアで開幕する世界選手権での活躍を期待するとともに、14歳の池江璃花子選手の泳ぎにも注目したい。2020年に向け、その足がかりとしてほしい。ゴルフでは、松山秀樹選手に期待したい。マスターズゴルフでは、日本勢最少スコアの−11で5位と大健闘した。2020では優勝も夢ではないかも。陸上競技、水泳やゴルフにとどまらず、各競技での活躍を期待したいものである。今後ますます、若い世代への指導に力が入れられることと思われる。技術だけではなく、心の成長や自分で考える力を育む(自己判断力)指導をお願いしたいと考える。

　なぜなら、オリンピックは、スポーツを通じて、心身を鍛えること、世界の人々と交流すること、平和な世界を築くことなどを目的とし、始まったものである。その基本理念は、「オリンピズム」といい、その目標は、「スポーツを人間の調和のとれた発達に役立てること」にある。そして、目的は、「人間の尊厳保持に重きを置く、平和な社会を推進すること」だからである。

　心配な事がないわけではない。一例をあげると、混乱が続くバスケットボール界である。内輪もめが続いていたナショナルリーグとbjリーグが統一される目途が立ったという。国際連盟の国際試合無期限資格停止処分を科せられようやく動きだしたようである。この間、若い世代の国際大会への貴重な出場機会を失ってしまったので

ある。過去、柔道、フェンシングやテコンドー等の内紛が数多く報告されている。どれも競技団体のガバナンスの欠如によるものである。国民からスポーツに声援、応援してもらえるよう自浄能力を発揮して自立することが大切である。そのことが「2020 TOKYO」が国民あげての成功につながるものと考える。

体育理論としてのオリンピック

　オリンピックは、体育理論の中で中学校では「国際的なスポーツ大会が果たす文化的な役割」(東京書籍)、高等学校では、「オリンピックと国際理解」(大修館書店)の中で扱われている。

　毎日新聞の15歳のニュースの中で「東京五輪開催へ本腰」があった。記事では2014年のIOC臨時総会での「アジェンダ2020」と題した40項目に及ぶ改革案を紹介している。主な内容は以下のとおり。

【招致について】
　既存施設の最大限活用、一時的会場活用の促進。
【開催都市以外での競技実施】
　状況により、開催都市以外での競技実施も認める。
【招致費用の削減】
　IOC委員の候補都市への旅費、宿泊費の一部をIOCが負担。
【実施競技について】
　競技数の上限を撤廃。種目は、夏季は310を上限に。
【新競技の提案権】
　開催都市の組織委員会が「1または複数の競技や種目」の追加を提案できる。
【男女平等の促進】
　女性参加率50％。男女混合種目を奨励。

> 【プロとの関係】
> それぞれの競技団体を通じ、プロ組織に投資し関係を築き、選手の参加を促す。

　さて、競技施設について、新国立競技場が大きすぎる（高さ制限緩和による巨大化や周辺景観との不調和、3,000億円を超える建設費）として、基本設計案の改定が行われた。2015年になって解体が始まったが、どのような競技場になるのやら。

　新競技の提案については、野球とソフトボール、空手、スカッシュ、ボウリングやウエークボード、綱引き等が名乗りを上げ、活動を活発化させている。そこで考えられているのが、「公開討論会」である。それによって、財政負担を抑えること、既存施設の活用、選手増の抑制、経済効果等多くの課題をクリアしなければならない。最終決定は2016年のリオデジャネイロ五輪前となった。いずれの種目になっても、費用のかからない方法での決定を期待し、注目したい。

　このような記事は、オリンピックが近づくにつれてますます取り上げられてくるだろう。授業の導入として、興味づけるのに役立つものと考える。

パラリンピック

　東京パラリンピックは、オリンピック（7月24日から8月9日）終了後の8月25日から9月6日にかけて行われるのだが、実施22競技が決定された。陸上、アーチェリー、バドミントン、ボッチャ、カヌー、自転車、馬術、5人制サッカー、ゴールボール、柔道、パワーリフティング、ボート、射撃、シッティングバレーボール、競泳、卓球、テコンドー、トライアスロン、車いすバスケットボー

ル、車いすフェンシング、車いすラグビー、車いすテニスである。あまり知られていない競技もあるので、簡単に説明することにする。

◇ボッチャ

　ヨーロッパで生まれた重度脳性麻痺(まひ)者や四肢(しし)重度機能障害者のために考案されたスポーツである。ジャックボール(目標球)と呼ばれる白いボールに、赤、青のそれぞれ6球ずつのボールを投げたり、転がしたり、他のボールを当てたりして、いかに近づけるかを競うスポーツである。障害の程度によって4クラスに分かれており、車いすを使用していることが条件となる。

◇ゴールボール

　第二次世界大戦で視覚に障害を受けた傷痍(しょうい)軍人のリハビリテーションの効果を促進するために考案されたプログラムである。アイシェード(目隠し)を着用した1チーム3人のプレーヤーが、コート内で、鈴の入ったボール(重さ1.25kg)を転がすように投球し合って味方のゴールを守りながら、相手ゴールにボールを入れることによって得点となる競技である。一定時間内の得点の多少によって勝敗を決する。

◇シッティングバレーボール

　座った姿勢で行うバレーボールで、健常者も足に障害のある人もともに楽しむことができる競技である。コート内の競技者は6名で、1セット25点先取のラリーポイント制である。ネットの高さは男子が1.15m、女子が1.05mで、男女混合の時は、男子の高さが適応される。また、臀部(でんぶ)(肩から臀部までの部位)の一部を常に床面に接していなければならない。

　組織委員会の布村幸彦(ぬのむらゆきひこ)副事務総長は、「民族や個々の力、障害の

有無などの違いを超え、多様性を認め合う大切さを実感してもらい、共生社会の基礎として定着させたい。道路や階段だけでなく、心のバリアーも解かす機会にしたい」と訴えかけている。

ドーピングについて

「2020 TOKYO」開催を引き寄せた一つの数字がある。それは「０」。オリンピックでの日本人薬物違反者が「０」なのである。「アンチドーピング」日本が誇る精神の一つである。

　ドーピングについては、「総合的な学習」の講義の中で取り扱っている。JADA 公認スポーツファーマシストである田代麻実子先生に講義をお願いしている。ドーピングは、「世界ドーピング防止規定」により定義づけられているのだが、禁止物質の使用はもちろんのこと、禁止物質を所持する、検体採取を拒否することもドーピング違反になるのである。では、なぜ、禁止なのか。JADA は、その理由を四つ挙げている。「選手自身の健康を害する」つまり、致命的な有害事象が起こってもおかしくないのである。「不誠実（アンフェア）」自分だけ規定を遵守しないのは、スポーツマンシップに反し、アンフェアである。「反社会的行為」スポーツの文化価値の低下や青少年への悪影響が考えられる。「スポーツ固有の価値を損ねる」スポーツは競技能力の高さだけを競うものではないからである。禁止物質は、市販の薬にも含まれている。解熱鎮痛剤、総合感冒薬、咳止め・去痰薬、胃腸薬、目薬、漢方薬等。特に、総合感冒薬や咳止め・去痰薬に含まれている「エフェドリン」は中枢興奮のため禁止物質である。総合感冒薬の約８割の製品に含まれていることからご注意を！「では、風邪のときはどうすればよいの？」禁止物質でない薬があるので、スポーツドクターやスポーツファーマシ

ストに相談し、適切な処方を受けることが重要である。

　インターネットで、スポーツファーマシスト会員検索を行えば、各府県の登録者一覧がわかるので、近くの方と相談すればよいのでは。

公認スポーツファーマシスト認定制度

　JADA（日本アンチ・ドーピング機構）が、ドーピング防止規則やスポーツの知識に精通した薬剤師（公認スポーツファーマシスト）を養成するために立ち上げた制度

　また、健康食品やサプリメントには、禁止物質のテストステロン等が含まれていることがある。外国製サプリメントには要注意である。

　最後に、開催国である日本としては、温かいおもてなしの心で世界の人々を歓迎し、安全・安心・フェアプレーの精神を尊重した「2020 TOKYO」が開催できるように。

参考文献：JADA ホームページ
　　　　　田代麻実子．総合学習における講義
　　　　　「アンチドーピング活動とスポーツファーマシスト」

17 疲労と健康・運動部活動

疲労とスポーツ障害

「疲労と健康」については、保健編に掲載するべきであるが、部活動とも関連させ、体育編で扱うこととする。

　春夏の全国高校野球大会での連投につぐ連投。特に夏の大会は、真夏の照りつける太陽の中での甲子園出場をかけた予選から始まる。2014年の全国軟式野球大会では4日間にわたる延長50回の準決勝での決着。終了後さらに決勝戦。「空前絶後の延長戦」「球史に残る名勝負」と美談として取り上げている新聞が多かったように思われる。はたしてどうだろう。

　大リーグへ移籍した田中将大（まさひろ）投手は肩肘（？）を痛め、そして、ダルビッシュ有（ゆう）投手も。そのほか日本からの投手の故障者リストへ入る選手の多いこと。肩や肘。明らかに投げすぎが原因ではないだろうか。高校時代なのかアメリカでの登板間隔やボールの違いなのかその原因は明らかではないが。

　WBCやアメリカの高校生年代の球数制限。また、日本の高校野球でも投手の肘の検査、休日を入れるなどの工夫がなされている。全日本野球協会によると、少年選手の57.5％が肘などの部位に痛みを感じたことがあると回答し、1週間の全力投球数について、100球を境に肩肘痛の発生に差が見られると指摘している。

　昨年来、日本高野連では、タイブレーク制度（P.118参照）等の対応

策を議論している。軟式では、今夏の全国軟式選手権大会からの導入が示され、「延長13回か15回から開始」の案があるという。硬式は「時期尚早(しょうそう)」と甲子園や甲子園につながる大会での導入は見送られた。

　そんな中、選抜大会をひかえ、新聞記事に、出場32校の監督を対象とした「タイブレーク制度」についてのアンケート結果が掲載されていた。「反対」9名、「どちらかと言えば反対」14名と約7割の監督が否定的な回答であった。「賛成」は4人、「どちらかと言えば賛成」が2名で、肯定的な回答は2割にも満たなかった。そして、反対の理由は「夏の大会がタイブレークで負けて終わりでは教育的配慮が足りない」「最後まで後悔のない試合をさせたい」「延長戦が高校野球の魅力」であった。では教育的配慮とは何なのか。後悔のない試合とは何なのか。これらの監督たちには、生徒の健康や生活を考えることはできないのだろうか。スポーツの原点に立った発想の転換ができないのかとあきれる。どうも監督たちは、いろいろな理屈を言っているが、勝利することによる監督としての名声、学校名の認知のほうを優先しているように思うのだが？

　滋賀県では、春季大会に導入されるタイブレーク制度が公表された。軟式・硬式ともに延長12回を終えて同点の場合、13回からは無死1塁2塁の状態で始める。13回の攻撃はどの打順から始めるかは各校が自由に選ぶことができ、決着がつかない場合は、14回以降も続ける。また、一人の投手の登板イニングを15回以内とするといった内容である。夏の選手権予選はどうなるのだろうか？

　肘といえば、「ゴルフ肘」に悩まされたことがある。左肘を痛め、いろいろな治療を行った。紹介された医者はもちろん、京都へお灸(きゅう)を据(す)えてもらったりもした。しかし、筋肉のバランスが悪いと

言われ、握力をつけるように指示され、車の中に握力計を常備し、時間があれば握るようにした。するといつしか痛みも消えてしまったのである。今も握力計は握り続けている。二男が理学療法士として整形外科医院に勤めている。生涯、スポーツを楽しむ人々のために活躍してくれることを祈っている。

最近アイアンの精度が悪く、パーオン率が下がっているように感じている。15年前に肘を痛めて以来、練習嫌いの私だが、適度な練習は必要だと思い直し、練習をしようと考えている。

中・高校の教科書では、「休養・睡眠と健康」の項で学習することとなっている。特に、高校では局所疲労に触れられており、休養や睡眠のとり方についても学ぶこととなっている。

部活動の意義

びわこ成蹊スポーツ大学の入学試験には、ありがたいことに多くの生徒諸君が受験してくれる。「将来の目標は」とたずねると、「高等学校の教員」。その理由は「サッカーの指導者になって国立へ連れて行く」「監督として甲子園出場を」「中学・高等学校の時の部活の顧問の先生のようになりたい」などである。

2008年度に改訂された「中学校学習集指導要領」の総則第4の2（13）には、初めて、部活動の意義と留意点等について、次のように記述された。

> (13) 生徒の自主的、自発的な参加により行われる部活動については、スポーツや文化および科学等に親しませ、学習意欲の向上や責任感、連帯感の涵養等に資するものであり、学校教育の一環として、教育課程との関連が図られるよう留意すること。その際、地域や学校の実態に応じ、地域の人々の協力、社会教育施設や社会教育関係団体等の各種団体との連携などの運営上の工夫を行うようにすること。

どうも子どもたちにとっての憧れの「先生」は、「部活動の先生」のようである。
　ところで、文部科学省は、学校で起きた児童生徒の突然死や重い後遺症を伴う事故で災害共済給付制度の対象になったのは、558件と報告している（2005〜2013年度）。そのうち、部活動中に起きた事故件数は、189件（33.9％）と3人に1人の割合である。種目では、柔道27件、野球21件、ラグビー18件などとなっている。私自身5年間の中学校教員の経験があり、「サッカー部の顧問」として活動してきた。部活動の日常の練習を見ることは、会議等で時間がないのが現状である。そんな時にけがをする生徒がいたらと思ったことも。
　練習に参加できた時には、生徒の自主性を育てる指導をした。また、参加できないときには、主将や副主将等の上級生と空いた時間を使って練習内容の打ち合わせを行い、とにかく生徒たちが目的意識を持って練習するように仕向けた。授業開始までの時間を使って練習をする「朝練」は中学校ではよく行っていた。初めて中学校に勤務した時、「朝練」では、上級生がただゴールに向かって蹴り、1・2年生はボール拾いをするだけ。「1・2年生がボールに触れる機会がない朝練なら見に行かないよ」と3年生に言ったところ、今までの先輩・後輩の関係に固執する生徒もいたが、主将がしっかりしていて、みんなの意見をまとめ、私の考えを受け入れた。それからは「朝練」に参加し、上級生が下級生を教える関係も確立したのである。学習指導要領にもあるように、部活動の指導は、「学習意欲の向上や責任感、連帯感の涵養等に資するもの」「学校教育の一環として」を意識することが大切だと考える。
　体育施設に勤務していた時期があり、中・高校生の大会を見学することも多かった。敗戦後、1時間にわたって怒りまくる指導者。

自分の指導不足を生徒に背負わせている。指導者のはけ口を生徒は黙って聞いている？　意見も言えない。これって教育？　こんな光景を何度見たことか。こうして教育（？）されてきた生徒が多く入学してくるのである。

「勝利すること」だけの部活動の指導だろうか？　部活動の指導だけが保健体育科の教員の仕事ではない。そこから講義がスタートするのである。

　ところで、大阪市では、教員の負担軽減を主な目的とした中学校運動部活動の指導を民間事業者に委託する検討を始めている。私自身は、好きなサッカー部の顧問であったため、技能の向上はもちろん、生涯続けてほしい等、学校教育の一環と捉えて取り組んできたという思いがあったので、負担に感じたことはなかった。したがって、「民間事業者に委託しなくてもよい」と考える。前述のとおり、学校教育の一環として、民間事業者に負けない指導力も持っているという自負がある。また、教員は、学校内での日常の生徒の様子も見ているし、性格も知っているので、個人に合った指導ができる。それだけ長い時間付き合っていることは重要なことである。その部分を抜きにした部活動の指導はあり得ないと考える。また、民間のスポーツ指導者が多感な、日々感情の変動が大きい中学生を指導できるのかは疑問もある。大局的に、さらには、きめ細かな指導は教員だからこそできるものだと考えるのである。では、学生時代に、スポーツは苦手だったし、運動部活動の経験もないといった先生の立場はどうだろうか。技術指導ができなくても「生徒のがんばりを見よう」という思いであれば週何日かの参加でもよい。そんな中、今まで知らなかった生徒の意外な良さに気づく機会となるのではないだろうか。

体罰について

　部活動と体罰については触れなければならない課題だと考える。
　学校教育法には、第11条に〔児童・生徒の懲戒〕について記述されている。

> 　校長及び教員は、教育上必要があると認めるときは、文部科学大臣の定めるところにより、児童、生徒及び学生に懲戒を加えることができる。ただし、体罰を加えることはできない。

　そして、通常、体罰と判断されると考えられる行為として
1. **身体に対する侵害を内容とするもの**
   ・体育の授業中、危険な行為をした児童の背中を足で踏みつける
   ・授業態度について指導したが、反抗的な言動をした複数の生徒らの頬を平手打ちする
   ・部活動顧問の指示に従わず、ユニフォームの片づけが不十分であったため、当該生徒の頬を殴打する
2. **被罰者に肉体的苦痛を与えるようなもの**
   ・放課後に児童を教室に残留させ、児童がトイレに行きたいと訴えたが、一切、室外に出ることを許さない
   ・宿題を忘れた児童に対して、教室の後方で正座で授業を受けるよう言い、児童が苦痛を訴えたが、そのままの姿勢を保持させた

等が挙げられている。
　2012年12月大阪の高校の部活動で、顧問による体罰により生徒が自殺した。部活動において、指導者は、「勝利」「優勝」といった結果を求めるあまり、このような行動に走ってしまうのではないだろうか。部活動のねらいは、結果を否定するわけではないが、前項でも述べたようにもっと大切なものがあると思う。マスコミが勝利や

アンケート調査

回答項目	人数（%）	体罰を受けた経験	人数
あってもよい	3 （4%）	あり	2
		なし	1
しつけとして必要	5 （7%）	あり	3
		なし	2
少しは教育的効果あり	18 （24%）	あり	5
		なし	13
わからない	12 （16%）	あり	7
		なし	5
あってはならない	36 （49%）	あり	7
		なし	29

優勝に重きを置いて取り上げることが多いことも顧問の考えを惑わせているのかもしれない。また、日本では昔から、「愛の鞭は必要」「愛情があれば殴ってもよい」といった誤った考え方が根強く残っているように思われる。また、カッとして自分の気持ちをコントロールできなくなり体罰をすることも問題である。勝利できなかったときは、「自分の指導方法が至らなかった」と考えられるようになればよいのだが。

　ところで、上記事象が起こった4ヶ月後に、保健体育科の教員を目指す大学3・4年生74名に、「体罰」に対する認識について調査を行った。上の表は、部活動における体罰についての回答を表したものである。驚いたことに、体罰を受けた経験のある学生は、24人で、全体の3分の1を占めていた。そして、あってはならないと答えた学生は50%以下で、体罰を少しは教育的効果がある、しつけとして必要等と考えている学生が多くいることが明らかになった。

　講義やグループディスカッションを行った後の、3項目に対する

学生の回答は、次のとおりであった。
「**少しは教育的効果がある**」
- 同じ問題を何度も繰り返してしまっては意味がないので、体罰が必要な時もある。
- プレー面では全く意味はないが、人としていけないことをしたときは必要である。
- 指導者は理由があって体罰をしている。適度な体罰は捉え方次第で、競技力向上につながる。
- 叩かれることで精神的に強くなり、もっとやらねばと闘争心が出てくる。
- 言葉で何度言ってもわからないときには、少しはあっても……。

「**しつけとして必要**」
- 生徒が悪いことを行っていたら、それなりの対応をしなければならない。
- 自分はそのような環境で育ってきたから良いと思う。ある程度の体罰があってこそ今の自分があると思うから。教育する上で必要である。
- いきなりの体罰は良くないが、何回言っても聞かない場合は必要である。

「**あっても良い**」
- 体罰があるくらいの方が、人としてもチームとしても強くなる気がする。
- 必要最低限はあっても良いが、度が過ぎるのは良くない。手を出すことは自分の指導に自信がないことを示しており、自分はしてはいけないと思っている。
- 生徒がおびえるような体罰をしない限り、鼓舞(こぶ)する効果はある。生ぬるい環境では、生徒は育たない。ただ、体罰抜きで厳しい環境を作るのが一番だと思う。

前述のとおり、本調査は、大阪の高校の部活動で、顧問による体罰が起こった4ヶ月後の調査であり、さらに講義やグループディス

カッションを行ったにもかかわらず、上記のような結果や考え方であった。過去の経験の影響を大きく受けることがわかったとともに、学生のこのような考え方を改善し、教育現場へ送り出すことが我々教員の責務であると考える。

参考文献：第60回近畿学校保健学会発表要旨：保健体育科教員を目指す学生たちの体罰に関する認識，深津達也・谷川尚己・守谷まさ子他

熱中症

　環境の変化に伴い、異常気象（？）が起こっている。2013年8月には高知県で41.0℃を記録する等、真夏には猛烈な暑さに汗だくになってしまう。学校では、9月に入って間もない体育祭・運動会やその練習中において、「熱中症で搬送」といった出来事が多発している。

　熱中症については、中学校の教科書においては、「環境の変化と適応能力」の項で、症状と分類と熱中症の予防について記載されている。そして、「きずの手当」の項では、熱中症の手当について詳細に述べられている(学研出版)。P.126の図は、高等学校の教科書の「日常的な応急手当」の項で記載されている表及び図である(大修館書店)。

　私の高校・大学時代は、運動中に水を飲むなどということはとんでもないことであった。真夏の暑い最中、我慢を強いられていたのである。ところが、今では、科学が進化し、温度や湿度を考慮した運動の計画や運動前や運動中の水分補給などが重要視されている。中学校の教員時代には、スポーツドリンクが販売されるようになり、サッカーのハーフタイムでは当たり前のように飲んでいたが、

熱中症の分類

分類	症状
Ⅰ度 (現場での応急手当で対応できる軽症)	めまい・失神、筋肉痛や筋肉の硬直、大量の発汗
Ⅱ度 (病院への搬送を必要とする中等症)	頭痛・気分の不快・吐き気・嘔吐・倦怠感・虚脱感(体がぐったりする、力が入らないなど)
Ⅲ度 (入院して集中治療の必要性がある重症)	意識障害・けいれん・手足の運動障害(呼びかけへの反応がおかしい、まっすぐ歩けないなど)・高体温

熱中症の手当

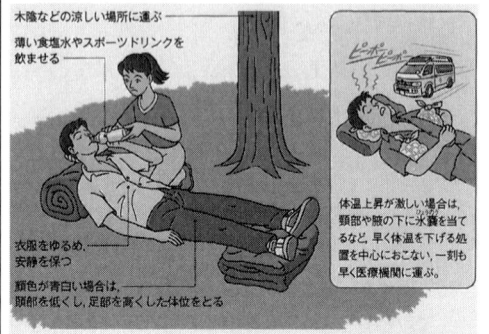

Ⅰ度の場合であっても、誰かが付き添ってようすを見守り、症状が改善しない場合や悪化する場合には病院へ搬送する。
熱中症は重症度に合わせて手当をおこなう。回復したように見えても急変することがあるので、ようすがおかしい場合はただちに医療機関に運ぶようにする。

今では中学校や高等学校の試合では、「給水タイム」がとられるまでに変わってきたのである。Ｊリーグの試合をテレビで見ていると、選手たちは、ピッチサイドにおかれたドリンクを自由に飲んでいる光景が見られる。

熱中症にならないために、「スポーツ活動中の熱中症予防５ヶ条」をお伝えする。

---

① 暑いとき、無理な運動は事故のもと
② 急な暑さに要注意
③ 失われる水と塩分を取り戻そう
④ 薄着スタイルでさわやかに
⑤ 体調不良は事故のもと

参考文献：スポーツ活動中の熱中症予防ガイドブック，2013

18 ダンスと武道

　2008年度の学習指導要領の改定により、医薬品教育が新たに組み入れられたが、ダンス、武道については「選択」であったものが「必修」となった。ダンスについては、びわこ成蹊(せいけい)スポーツ大学の森川みえこ先生の『創作ダンス！はじめの一歩』を参照いただくこととし、本書では武道について述べることとする。

武道(柔道)について

　武道は、わが国固有の文化であり、武道に積極的に取り組むことを通して、伝統的な考え方を理解し、相手を尊重することを重視する運動でもある。
　武道には、三つの特有の見方、考え方がある。
　一つは、武道は、伝統的に精神面を尊重する考え方が重視されており、修練的、鍛錬(たんれん)的な目的を強く持っている。
　二つ目には、「礼に始まり礼に終わる」といわれるように、「礼法」を特に重要視している。
　三つ目は、試合を行う者同士の関係は、ともに学びあう仲間同士であり、敵と味方という対立的なものではないという考え方がある。さらに、互いが目指す目標は、「道」を極めることであり、試合の勝敗のみにこだわることは慎むべきだという考え方が重視されている。

これらの考え方が重視され、体育指導において発達段階別にねらいが示されている。

「第１学年及び第２学年」……………………………………………………
（１）　次の運動について、技ができる楽しさや喜びを味わい、基本動作や基本となる技ができるようにする。
　　ア　柔道では、相手の動きに応じた基本動作から、基本となる技を用いて、投げたり抑えたりするなどの攻防を展開すること。
　　イ　剣道では、相手の動きに応じた基本動作から基本となる技を用いて、打ったり受けたりするなどの攻防を展開すること。
　　ウ　相撲では、相手の動きに応じた基本動作から基本となる技を用いて、押したり寄ったりするなどの攻防を展開すること。
（２）　武道に積極的に取り組むとともに、相手を尊重し、伝統的な行動の仕方を守ろうとすること、分担した役割を果たそうとすることなどや、禁じ技を用いないなど健康・安全に気を配ることができるようにする。
（３）　武道の特性や成り立ち、伝統的な考え方、技の名称や行い方、関連して高まる体力などを理解し、課題に応じた運動の取り組み方を工夫できるようにする。　　　　　　　　　〈中学校「要項」〉

「第３学年及び高等学校入学年次」……………………………………………
（１）　次の運動について、技を高め勝敗を競う楽しさや喜びを味わい、得意技を身につけることができるようにする。
　　ア　柔道では、相手の動きの変化に応じた基本動作から、基本となる技、得意技や連絡技を用いて、相手を崩して投げたり、抑えたりするなどの攻防を展開すること。
　　イ　剣道では、相手の動きの変化に応じた基本動作から、基本となる技や得意技を用いて、相手の構えを崩し、しかけたり応じたりするなどの攻防を展開すること。

ウ　相撲では、相手の動きの変化にに応じた基本動作から基本となる技や得意技を用いて、相手を崩し、投げたりひねったりするなどの攻防を展開すること。
(2)　武道に自主的に取り組むとともに、相手を尊重し、伝統的な行動の仕方を大切にしようとすること、自己の責任を果たそうとすることなどや、健康・安全を確保することができるようにする。
(3)　伝統的な考え方、技の名称や見取り稽古の仕方、体力の高め方、運動観察の方法などを理解し、自己の課題に応じた運動の取り組み方を工夫できるようにする。　　　　　〈中学校「要項」〉

「高等学校入学年次の次の年次以降」
(1)　次の運動について、技を高め勝敗を競う楽しさや喜びを味わい、得意技を身につけることができるようにする。
　　ア　柔道では、相手の多様な動きに応じた基本動作から、得意技や連絡技・変化技を用いて、素早く相手を崩して投げたり、抑えたり、返したりするなどの攻防を展開すること。
　　イ　剣道では、相手の多様な動きに応じた基本動作から、得意技を用いて、相手の構えを崩し、素早くしかけたり応じたりするなどの攻防を展開すること。
(2)　武道に主体的に取り組むとともに、相手を尊重し、礼法などの伝統的な行動の仕方を大切しようとすること、役割を積極的に引き受け自己の責任を果たそうとすることなどや、健康・安全を確保することができるようにする。
(3)　伝統的な考え方、技の名称や見取り稽古、体力の高め方、課題解決の方法、試合の仕方などを理解し、自己の仲間や課題に応じた運動を継続するめの取り組み方を工夫できるようにする。〈中学校「要項」〉

　本稿では、特に柔道にポイントを絞りその指導方法等について述べることとする。「柔道」においては、技能を身に付けることはもちろんであるが、安全管理を徹底することが大切である。文部科学

省では、中学校の武道必修化に伴い、「柔道の授業の安全な実施に向けて」(2012年3月作成)を学校等に配布しているので、活用するとよいだろう。安全を期するための要となるのは、受け身の習熟である。受け身は低い姿勢からそんきょの姿勢、中腰の姿勢、そして立位と段階的に丁寧に指導していくことが重要である。そして、「頭を打たない」受け身を習熟させることが大切である。このような初歩の練習から、二人一組での受け身練習に入り、引き手を離さない、しっかりひきつける等により「頭を打たせない」ようにさせる練習も重要なことである。

　次に、生徒の技能の習得状況に応じた練習や試合は、学習効果を高め、安全を確保する上からも大切である。練習法としては、(1)かかり練習、(2)約束練習、(3)自由練習の三つがある。「投げ技」を例に挙げると、正しい姿勢でゆっくりと正確に行うことから始め、得意技の練習、連絡技や変化技などの習得に結びつけることが必要になってくる。さらに攻防の中で、得意技をかけるタイミングを磨くことができればよいのではないだろうか。そして、試合においては、役割分担をし、審判等を、生徒が自主的に運営できるように、段階をおって指導していくことが大切である。練習や試合においては、狭い格技場等の施設の中で、スペースを考慮することも重要なことである。生徒は、夢中になると思わぬ動きをすることがある。隣同士の間隔や壁面との位置関係等を把握しておくことも安全管理上大切になってくる。

　最後に、柔道における㈳日本スポーツ振興センター災害共済給付の件数を掲載することとする。

参考文献：文部科学省. 学校体育実技指導資料第2集　柔道指導の手引

柔道の死亡見舞金の支給件数（授業・部活動含む）（平成元年度〜平成21年度）

		平元	平2	平3	平4	平5	平6	平7	平8	平9	平10	平11	平12	平13	平14	平15	平16	平17	平18	平19	平20	平21	合計
授業		2	0	0	0	0	1	0	2	2	1	0	0	0	0	0	1	1	0	0	0	0	10
内訳	小学校	0	0	0	0	0	0	0	0	0	0	0	0	0	0	0	0	0	0	0	0	0	0
	中学校	0	0	0	0	0	0	0	0	0	0	0	0	0	0	0	0	0	0	0	0	0	0
	高等学校	2	0	0	0	0	1	0	2	2	1	0	0	0	0	0	1	1	0	0	0	0	10
部活動（倶楽部活動含む）		5	7	4	6	4	6	2	4	5	4	2	1	1	5	4	1	4	1	0	1	4	71
内訳	小学校	0	0	0	0	0	0	0	0	0	0	0	0	0	0	0	0	0	0	0	0	0	0
	中学校	0	2	1	2	0	3	1	2	0	2	1	1	0	3	2	0	3	0	0	0	2	25
	高等学校	5	5	3	4	4	3	1	2	5	2	1	0	1	2	2	1	1	1	0	1	2	46
計		7	7	4	6	4	7	2	6	7	5	2	1	1	5	4	2	5	1	0	1	4	

19 フェアプレー（リスペクト）の精神

過少申告

　大学に勤め、ゴルフ部を立ち上げた。「はじめに」にも述べたが、ゴルフも、生涯スポーツの一つとして楽しんでいる。たまに、学生とラウンドするのだが、自分の持ち味を出しつつスコアにこだわるのは、若者が与えてくれる「若さを保つ秘訣？」かもしれない。また、ゴルフは、4人で昼食も含めほぼ一日ともに行動するため、常に、他のメンバーのことを思いやりながらラウンドする。また、仕事のことや楽しみ・悩み等を話すことができるのは、ほかのスポーツにはない良さであり、素晴らしいつながりができると考える。

　ゴルフが、オリンピック種目となり、やや落ち込んでいた競技人口が増えるのではないかと期待する。親に連れられ、小学生がラウンドする光景に出くわすことも多くなったような気がする。早くから始めれば、技術は身につくため良いことだと考える。しかし、残念な話を聞くこともある。「過少申告」である。

　ゴルフはセルフジャッジのスポーツである。「今日のスコアはどうだったの？」親の期待に応えなければ！　5打のところを4打と記す。そんな残念な話を聞いたことがある。

　とはいえ、私も、「過少申告」の経験がある。滋賀県アマチュア選手権予選でのことである。大会では、私のスコアは、一緒にラウ

ンドする人(マーカーと言う)がカードに記入するのである。私は、そのマーカーにスコアを伝えるのである。あるホールで、マーカーが4打ですね。と言ったので、5打ですと返した。ラウンドを終え、スコアカードを提出するのだが、確認せずに、サインをした。4打のままだったのである。1打少ない「過少申告」で、失格となってしまった。前述の子どもの「過少申告」とは違うのだが、スコアカードは、提出前にもう一度、確認を！

頭脳プレー？

「スポーツをする高校生は、純真でいいですよね」「高校球児は、みんな素直でいいですよ」

　でも、少し気になることが。右中間を抜ける打球。一塁手は中継に入るような動作で、バッターランナーの走るコースへ。バッターは、ぶつからないように、一瞬スピードを落とす。3塁打が2塁打に。これが高校野球の常連校の当たり前のプレーだそうだ。

　勝てばよい、将来を考えない指導者。これでも健全な高校生を育てているの？

これぞリスペクト

　そんな中、スポーツをすることの素晴らしさを思い知らされた出来事があった。

　毎年、正月のテレビ観戦はラグビーの試合である。特に、スクラムでの攻防には、思わず力が入ってしまう。そんな試合の中で、全国高校ラグビー大会の尾道高校と大阪朝鮮高校の試合には感激した。両校とも持てる力を出し切り、その試合内容にもテレビに釘づけにされたのだが、ロスタイムに大阪朝鮮高校が追いつき、同点で

終了した。準決勝進出は抽選により決することとなった。両校の監督と主将が抽選会場に入り、しばしの時間。そして、退室してきた。大阪朝鮮高校の主将が泣きじゃくって出てきたので、尾道高校が勝利したのかと思ったのだが、尾道高校の主将はといえば神妙な面持ちで退出してきた。どちらが準決勝への出場権を獲得したのだろうか？　尾道高校のロッカールームが映し出され、主将はその中へ。しかし、歓声が起きるわけでもない。平然とした顔で選手たちはロッカールームからグラウンドへ。テレビのアナウンサーも「えっ。どちらが？」と悩んでいる様子。尾道高校の準決勝進出がやっとわかった。

　この時の尾道高校の行動は、大阪朝鮮高校の悔しさを思いやる心から、歓声をあげなかったのではないだろうか。対戦相手を尊重するリスペクトの精神がとらせた行動だったのだろう。スポーツ大会で勝利すれば、飛び上がって大喜びする光景が多い中、改めてスポーツの素晴らしさを伝えてくれた若者の清々しい行動と監督の日常の指導に、「大きなアッパレ」を送りたい。

執筆者紹介

谷川尚己（たにがわ・なおみ）

1951年滋賀県生まれ。滋賀県立膳所高校、滋賀大学教育学部卒業。兵庫教育大学大学院修了。滋賀県内の、小・中・高等学校の教員、滋賀県、草津市の教育委員会に4回勤務。2009年からびわこ成蹊スポーツ大学准教授。「児童生徒が興味をもつ保健の授業」の工夫をテーマに研究、実践を推進している。ゴルフ部監督、薬物乱用防止サークル顧問。また、2013年から草津市教育委員。趣味はサッカー、ゴルフ、合唱。

守谷まさ子（もりたに・まさこ）

1951年滋賀県生まれ。滋賀県立膳所高校、京都薬科大学薬学科卒業。武庫川女子大学大学院薬学研究科医療薬学修了、薬剤師。大津赤十字病院、清和台病院、綾部ルネス病院に勤務。京都府学校薬剤師会会長。文部科学省スポーツ・青少年局中央教育審議会専門委員。学校環境衛生管理マニュアルの改訂に関する検討会協力委員、京都府学校保健会会長を歴任。現在、京都府薬剤師会学校薬剤師部会部会長。日本学校保健会評議員。また、綾部市内小・中・高等学校の学校薬剤師としても活躍中。

江藤和子（えとう・かずこ）

1956年宮城県生まれ。神奈川県立二俣川高校。産業能率大学卒業。桜美林大学大学院修了。電気通信大学大学院博士課程修了。学術博士。横浜創英短期大学看護学科教授を経て、現在、横浜創英大学看護学部准教授。専門分野は精神看護学、健康心理学。夢はケニアに看護学校を開校すること。

健康に生きるための保健体育

2015年7月30日　第1版第1刷発行
2016年4月15日　第1版第2刷発行

著者……………谷川尚己・守谷まさ子・江藤和子

発行……………サンライズ出版
　　　　　　〒522-0004滋賀県彦根市鳥居本町655-1
　　　　　　tel 0749-22-0627　fax 0749-23-7720

印刷・製本……サンライズ出版

©谷川尚己・守谷まさ子・江藤和子 2015 Printed in Japan
ISBN978-4-88325-571-9 C0075
定価は表紙に表示してあります